Gerhard Blail

Die Apokryphen

Die Schriften zwischen Altem und Neuem Testament

Eine Einführung und Orientierung

Quell Verlag Stuttgart

ISBN 3-7918-1900-3

© Quell Verlag Stuttgart 1988
Printed in Germany · Alle Rechte vorbehalten
1. Auflage 1988
Umschlaggestaltung: Klaus Dempel, Stuttgart
Satz und Druck: Quell Verlag Stuttgart

Inhalt

Vorwort

Im Jahre 1985 gab ich im Quell Verlag »Meine Bibel« her-
aus, eine Einführung und Orientierung für das Alte und
Neue Testament. Darin habe ich über Inhalt, Aufbau und
Entstehung der biblischen Bücher berichtet. Dieses Buch
fand eine gute Aufnahme in der Leserschaft.
In den neuen Bibelausgaben mit der revidierten Fassung
von 1984 sind nach langer Pause wieder die Apokryphen
des Alten Testaments abgedruckt, so in der Ausgabe der
»Deutschen Bibelgesellschaft Stuttgart«. Das ermutigt
mich, über die Entstehungsgeschichte und den Inhalt dieser Schriften zu berichten.
Es sei dabei bemerkt, daß mein Buch nicht für Fachleute,
also für Theologen, bestimmt ist, sondern für Gemeinde-
glieder, die die Bibel lesen und keinen Bogen um die Apokryphen machen wollen und sollten. Dennoch möchte ich
darauf hinweisen, daß die Apokryphen im theologisch-
wissenschaftlichen Raum kaum bearbeitet wurden. Die
letzte große wissenschaftliche Arbeit an den Apokryphen
stammt von Prof. Emil Kautzsch, Halle und einigen Mitar-
beitern aus dem Jahre 1900. (Unveränderter Neudruck
1975 bei Olms, Hildesheim.) Dieses wissenschaftliche
Werk ist für den Nichtfachmann wegen der eingestreuten
lateinischen, griechischen und hebräischen Zitate dem all-
gemeinen Verständnis nicht zugänglich. Ich versuche daher, den Ertrag der theologischen Forschung allgemeinver-
ständlich wiederzugeben und biete am Ende des Buches
eine Zeittafel und eine Erläuterung theologischer Fachaus-
drücke an.

Ich möchte nicht versäumen, dem Herausgeber der »Weinheimer Nachrichten« dafür zu danken, daß ich einen großen Teil der Beiträge dieses Buches zuvor in der Artikelserie »Zu Ihrer Orientierung« veröffentlichen konnte und auf diese Weise die Resonanz der Zeitungsleser testen konnte. Die Feststellung, daß viele Beiträge ausgeschnitten und gesammelt wurden, ermutigt mich zur Herausgabe dieses Buches, das gewissermaßen eine Fortsetzung des Buches »Meine Bibel« darstellen möchte: wie die Apokryphen auch im Anhang zum Alten Testament stehen.

Ich habe bei der Beschäftigung mit den Apokryphen festgestellt, daß es sich lohnt, über ihren Inhalt nachzudenken – wie schon Martin Luther 1545 in seiner letzten Gesamtbibelausgabe über sie schrieb: »nützlich und gut zu lesen«.

Gerhard Blail

Die Apokryphen des Alten Testamentes

Zwischen AT und NT

Die Apokryphen haben ihren gesonderten Platz in der Bibel: sie stehen zwischen dem AT und dem NT. Ihre Plazierung zwischen diesen beiden Bibelteilen entspricht auch ihrer Entstehungszeit: 200 vor Christus bis 100 nach Christus. Sie vermitteln uns gute Kenntnis von der religiösen Lage des Judentums in der »Zeitenwende«.

Was ist »apokryph«?

Der Begriff ist in seiner Deutung umstritten. Wer ihn auf einen Nenner bringen will, zwingt ihn in ein Prokrustesbett. Der Begriff »apokryph« bedeutet: verborgen. So verstand man die apokryphen Bücher als solche, die als Geheimschriften vor der Öffentlichkeit verborgen gehalten werden sollten – sie enthielten nach Meinung der Offiziellen gnostische Ideen, entlehnten manches den Mysterienreligionen, enthielten esoterische Geheimnisse und sollten daher verborgen gehalten werden. – Der griechische Begriff »apokryphos« wurde aber auch so verstanden, daß man meinte, der Ursprung dieser Bücher sei verborgen. Augustinus und Hieronymus dachten so, obwohl sich gerade Augustinus für ihre Kanonisierung (Einverleibung ins AT) eingesetzt hat. Im Altertum war es durchaus üblich, Erkenntnisse und Weisheiten berühmten Männern in den Mund zu legen, um diesen Aussagen eine größere Bedeutung zu verleihen. Dahinter stand keine Fälscherabsicht, wie man es heutzutage empfinden würde. So hat man eben in dem Buch »Weisheit Salomos« eine Weisheitssammlung dem Philosophen auf dem Thron zugeschrieben, um ihr größere Beachtung zu verleihen. Das wäre die zweite Deutung des Begriffs, daß der Ursprung jener Schriften verborgen ist. – Schließlich hatte man etliche spät-entstandene religiöse Bücher nicht in den alttestamentlichen Kanon aufgenommen – man entzog sie dem öffentlichen Gebrauch – sie waren unkanonisch und konnten nur als Privatlektüre ihr Dasein fristen und wurden »verborgen« gehalten. Sie waren gewissermaßen »geheime« Bücher. Zweifellos spielte die Kanonfrage eine entscheidende Rolle. Die Kirchen der Reformation wurden durch Karlstadt (1480-1541) zuerst auf das Problem der Apokryphen hingewiesen. Er verfaßte 1520 die Schrift »De canonicis scripturis libellus«, Wittenberg 1520. Martin Luther setzte in seiner Bibelübersetzung die Apokryphen vom AT-Text deutlich ab.

Die Apokryphen des AT

Es sind 14 Schriften: Das Buch Judit, die Weisheit Salomos, das Buch Tobias, das Buch Jesus Sirach, das Buch Baruch, das erste und zweite Makkabäerbuch, Stücke zum Buch Ester; dann folgende Stücke zum Buch Daniel: die Geschichte von Susanna und Daniel – vom Bel zu Babel – vom Drachen zu Babel – das Gebet Asarjas – der Gesang der drei Männer im Feuerofen. Als letztes: das Gebet Manasses.

Unterschiedliche Literaturformen

Wir haben es hier mit Geschichtsschreibung, mit Erzählungen, mit Liedern und Spruchweisheit zu tun. Die Apokryphen stellen daher keine einheitliche Literaturgattung dar, aber sie geben Einblick in die geistige und historische Lage des Judentums für die Zeit vor und nach Jesus. Soweit sie dem nationalen Erwählungsbewußtsein des Judentums Rechnung tragen, fanden sie besonders in pharisäischen Kreisen Wertschätzung. Sofern sie eine Lanze für die Gesetzlichkeit brachen, fanden sie im orthodoxen Judentum bereitwillige Aufnahme. Wunderberichte und Engelvorstellungen fanden im frommen Volk gern Gehör. – So sind die Makkabäerbücher regelrechte Geschichtsschreibung über den Makkabäeraufstand unter Antiochus IV. Epiphanes. Wunderbare Heilungen beschreibt das Buch Tobias. Die Bücher »Jesus Sirach« und die »Weisheit Salomos« sind Sammlungen von Weisheitssentenzen. Das Buch Baruch ist ein Bußruf und Lehrgedicht zugleich. Der Einfluß des griechischen und orientalischen Synkretismus ist unübersehbar. Auch eine gewisse Nähe zu den Qumran-Schriften muß festgestellt werden. Die Schriften liegen zumeist in griechischer Sprache vor und fanden daher auch keine Aufnahme in den palästinensischen AT-Kanon, sondern nur in den griechischen. Es gab allerdings außer diesen apokryphen Schriften noch ein weiteres spätjüdisches Schrifttum, das allerdings weder im palästinensischen noch im alexandrinischen Kanon Aufnahme fand, aber dennoch gern in jener Zeit gelesen wurde: die »Pseudepigraphen«. Sie tragen, wie der Name sagt, falsche Verfassernamen, um den Anspruch zu erheben, von alten Glaubenshelden verfaßt zu sein. Diese Schriften entstanden weitgehend in der Zeit des jüdischen Exils. Man bediente sich der Namen von Adam bis Henoch. So entstanden zwei Henoch-Bücher (davon ist eins in äthiopischer Sprache, das andere in altslawischer Sprache erhalten geblieben). Ferner: das Buch der Jubiläen, die Baruch-Apokalypse, ein 4. Esra-Buch und die Testamente der 12 Patriarchen. Diese Pseudepigraphen erlangten keine kanonische Gültigkeit und gehören nicht zu unserer Bibel. Für den Literaturwissenschaftler und Historiker sind sie natürlich von großem Interesse, weil sie in die Geistesgeschichte des Spätjudentums Einblick geben.

Der AT-Kanon

Der Begriff »Kanon« ist der griechischen Sprache entlehnt und bedeutet: Richtschnur, Norm, Maßstab oder Regel. Zum Schutz gegenüber religiösem Wildwuchs mußte das Judentum festlegen, welche Schriften glaubwürdig und für das religiöse Leben wichtig waren.
Zwei Traditionsströme waren für die Kanonbildung bedeutsam, so daß es zu einem palästinensischen und zu einem alexandrinischen Kanon des Alten Testamentes kam. Jesu Bibel bestand nur aus dem »Gesetz und Propheten« oder auch »Moses und die Propheten« genannt. Dabei umfaßte das Gesetz die fünf Bücher Mose – die Propheten enthielten nicht das Buch Daniel. Ferner gehörten dazu die Bücher »Josua, Richter, Samuel, Könige«, weil man die Propheten für deren Verfasser hielt, obwohl sie weithin nur Geschichtsschreibung darstellen. In den Synagogengottesdiensten benutzte man »Gesetz und die Propheten«, einschließlich der letztgenannten Bücher. Alle anderen Bücher wie Hiob, Chronik, Ester, Rut und Daniel gehörten nicht zur Heiligen Schrift, die in der Synagoge benutzt wurde, obwohl sie bekannt und beliebt waren – auch nicht die Psalmen, aus denen Jesus noch am Kreuz zitierte. Aber

im ersten nachchristlichen Jahrhundert, besonders durch die Zerstörung Jerusalems ausgelöst und wohl auch aufgrund der Zerstreuung des jüdischen Volkes im großen Römischen Imperium, entstand das Bestreben nach Schaffung eines biblischen (natürlich nur alttestamentlichen) Einheitsbandes. Etwa zwischen 90 und 100 tagte eine jüdische Synode in Jamnia, etwa 20 km südlich von Jaffa gelegen. Herausgefordert durch die apokalyptischen und synkretistischen Ideen und Schriften legte diese Synode den palästinensischen Kanon des AT fest und erklärte ihn verbindlich zur »Heiligen Schrift«. – Das ägyptische Judentum ging eigene Wege, schon weil es sprachliche Schwierigkeiten hatte. Man war der hebräischen Sprache entfremdet; man hatte die »Koine«, die griechische Umgangssprache, als Verständigungsmittel. So ließ man bereits im dritten und zweiten vorchristlichen Jahrhundert alle heiligen Schriften, also nicht nur das »Gesetz und die Propheten«, sondern auch die später entstandenen Apokryphen, ins Griechische übersetzen. Das war dann die sogenannte Septuaginta (LXX) – angeblich hätten im Auftrag des Ptolemäus 70 Gelehrte in 70 Tagen diese Übersetzung getätigt. Dieser alexandrinische Kanon des AT ist eine lockere Sammlung alttestamentlicher Schriften – gegenüber dem palästinensischen Kanon – also ohne solch scharfe Abgrenzung gegenüber den Schriften, die nicht unter »Gesetz und Propheten« fallen. Wir finden daher die Apokryphen zwar nicht im palästinensischen, wohl aber im alexandrinischen Kanon des AT.

Das Spätjudentum

Die Pharisäer waren die Vertreter des starren Gesetzesglaubens. Daneben gab es eine zweite geistige Führungsschicht – das waren die Sadduzäer – sie waren die Pragmatiker jener Zeit. Sie standen unter griechischem Einfluß und nahmen manch hellenistisches Gedankengut auf und bildeten das liberale Element des Spätjudentums. Beide Männerbünde standen in einem Spannungsverhältnis zueinander – ganz besonders in der Frage, ob es ein Leben nach dem Tode gäbe – ob Auferstehung der Toten glaubwürdig sein könnte. Es wird wohl stets so sein, und es war so jedenfalls im Judentum: als Gegenbewegung zum religiösen Liberalismus entstand ein ausgeprägtes Sektenwesen. Die jüdische Sekte der »Söhne des Lichts« und die »Essener« vom Toten Meer wird man dazu rechnen dürfen. Sie waren einerseits mit der starren Gesetzesreligion der Pharisäer unzufrieden, andererseits lehnten sie den Liberalismus der von Griechenland beeinflußten Sadduzäer ab. Sie zogen sich in Klöster, wie Qumran, zurück oder lebten als Einsiedler (wahrscheinlich gehörte Johannes der Täufer zu ihnen). In dieser geistigen und geistlichen Atmosphäre entstanden die Apokryphen, solche Schriften wie das Gebet Asarjas oder die Geschichte von den drei Männern im Feuerofen.

Um 90 nach Christus war die Entstehung des Alten Testamentes abgeschlossen. Die Synode von Jamnia legte fest, was zum AT-Kanon gehörte. Seit dem Tode des letzten Makkabäers wurde nichts mehr geschrieben, was in den Kanon hätte aufgenommen werden können. Bei einigen Schriften gab es einen Widerspruch, ob sie in den Kanon aufgenommen werden sollten. So bestand der AT-Kanon aus 17 Geschichtsbüchern – von Mose bis Ester –, dann folgen 5 Lehrbücher – von Hiob bis Hoheslied – und schließlich 16 prophetische Bücher – von Jesaja bis Maleachi. Die außerkanonischen Schriften kamen in den Anhang als »Apokryphen«. Sie galten als selbständige Literaturerzeugnisse, die nicht zum eigentlichen hebräischen Kanon gehörten, zumal sie in griechischer Sprache geschrieben waren. Eine Ausnahme bilden lediglich Jesus Sirach, 1. Makkabäer, Judit und teilweise Baruch, die in hebräischer Sprache verfaßt waren. Auf dem Weg über die Septuaginta kamen sie in die Vulgata und schließlich auch in die deutsche Bibel.

Die Apokryphen in der Vulgata

Etwa 500 Jahre nach dem Entstehen der griechischen AT-Übersetzung, der Septuaginta, wurde die Bibel ins Lateinische übersetzt. Lateinisch war die Kirchensprache. Der Mann, der diese Übersetzung vollzog, war der Kirchenlehrer Hieronymus. Er wurde etwa um 340 in Dalmatien geboren, studierte in Rom, lebte um 370 in Trier, ging als Mönch von 371 bis 381 nach Syrien, kehrte dann nach Rom zurück und reiste 385 über Ägypten nach Palästina, gründete in Bethlehem ein Kloster und widmete sich in den Jahren zwischen 390 und 405 der Bibelübersetzung in die lateinische Sprache und starb nach reicher schriftstellerischer Tätigkeit im Jahre 420. Hieronymus übersetzte das AT aus dem hebräischen Text, also aus dem palästinensischen Kanon, fügte aber die in der Septuaginta griechisch geschriebenen Apokryphen hinzu, die er ebenfalls ins Lateinische übertrug. So entstand die »Vulgata« (die Allgemeine), weil sie in lateinischer Sprache, allgemein verständlich geschrieben ist. Den Namen »Vulgata« erhielt sie erst im 16. Jahrhundert.

Für die alte Kirche galt die griechische Septuaginta und ihre lateinische Übersetzung (Vulgata) als »Heilige Schrift«. Dabei war manches nun in der Bibel, was die jüdische Überlieferung, Massora genannt, nicht zuließ, obwohl es in hebräischer Urform vorlag, wie z.B.: Jesus Sirach und 1. Makkabäerbuch. Es ist heute nicht einsehbar, warum der palästinensische Text das Buch Ester aufnahm, aber das Buch Judit ausschloß. Auch Luther war der Meinung, daß sich Jesus Sirach und 1. Makkabäer durchaus im Kanon sehen lassen könnten neben Ester und Chronik.

Die griechische und römische Kirche

Die griechische Kirche beschloß auf ihrer Synode in Jerusalem 1672, den palästinensischen AT-Kanon anzuerkennen und gab vier weiteren Schriften kanonisches Ansehen, nämlich: Weisheit Salomos, Jesus Sirach, Tobias und Judit. Somit übernahm die griechisch-orthodoxe Kirche nur einen Teil der Apokryphen in ihre Bibel. – Die römisch-katholische Kirche übernahm mit der Septuaginta automatisch die Apokryphen. Der Kirchenvater Augustinus hatte sich auf den Synoden von Hippo im Jahre 393 und von Karthago im Jahre 397 für die Anerkennung der Apokryphen stark eingesetzt. Auf dem Konzil von Trient (1545-1563) wurden folgende Apokryphen als kanonisch anerkannt: Zusätze zu Daniel und Ester, Baruch, Brief des Jeremia, 1. und 2. Makkabäer, Judit, Tobias, Jesus Sirach, Weisheit Salomos, 3. und 4. Esra und Gebet Manasses (laut Sessio IV, 1 vom 8. April 1546).

Die Apokryphen in der Luther-Bibel

Bekanntlich übersetzte Luther auf der Wartburg zunächst nur das Neue Testament in die deutsche Sprache. Dabei benutzte er das von Erasmus von Rotterdam herausgegebene griechische Neue Testament. Erst später ging Luther an die Übersetzung des Alten Testaments, so daß die gesamte Bi-

belübersetzung 1534 herauskam und die Übersetzung 1545
erst als Bibelübersetzung letzter Hand anzusehen ist. Es ist
interessant festzustellen, daß Luther zunächst nur den hebräischen Kanon, wie er in Jamnia beschlossen war, übersetzt hat. Die Apokryphen übersetzte er besonders und
stellte sie in den Anhang des AT. Gegenüber der Septuaginta ließ er allerdings 3. und 4. Makkabäerbuch und
3. Esra weg. So finden wir in der Bibelübersetzung Luthers
von 1545 hinter den Propheten die »Apocrypha: Das sind
Bücher: so der heiligen Schrifft nicht gleich gehalten / und
doch nützlich und gut zu lesen sind – Als nemlich I. Judith
– II. Sapientia – III. Tobias – IV. Syrach – V. Baruch – VI.
Maccabeorum – VII. Stücke in Esther – VIII. Stücke in Daniel«. Während in der Folgezeit die Lutheraner die Apokryphen im Anhang beibehielten, haben die Reformierten sie
vom biblischen Kanon ausgeschlossen und begründeten
dies mit dem Hinweis auf den palästinensischen Kanon des
AT, der die Apokryphen nicht anerkannte. Später lehnte
dann auch die »Britische Bibelgesellschaft« den Abdruck
der Apokryphen ab. Dem schloß sich dann auch die »Stutt-
garter Jubiläumsbibel« an, auch in der Neubearbeitung
von 1937. In der neusten Bibelausgabe von 1985 erschienen die alttestamentlichen Apokryphen wieder hinter den
prophetischen Büchern. Dennoch haben die Apokryphen
im gottesdienstlichen Leben einen nachgeordneten Rang
hinter den Schriften des AT und NT, denn sie werden nicht
für die vorgeschriebenen Predigttexte verwendet, sondern
sind nur, wie Luther in der Vorrede schrieb: »nützlich und
gut zu lesen« aber eben doch »nicht der heiligen Schrift
gleichgehalten«. Lediglich als Marginaltexte sind sie emp-
fohlen.

Apokryphenstreit

Auf der Dordrechter Synode 1618 wurde nur verlangt, daß die Apokryphen mit einem besonderen Titel bei den Bibelausgaben zu versehen sind, eben als besonderer Abschnitt: »Apokryphen«, um die Ungleichwertigkeit gegenüber dem »Gesetz und den Propheten« aufzuzeigen. Der eigentliche Streit ging von England aus. Die englischen Puritaner (später schlossen sich ihnen die französischen Reformierten an) forderten die gänzliche Entfernung der Apokryphen aus der Bibel. Es kam dann 1825 und 1850 und in den jeweils folgenden Jahren zu Verhandlungen. Eine Fülle von Schriften pro und contra wurde verfaßt, von Reuss, Moilinié, Stier und anderen. Schließlich einigte man sich auf eine Wortneubildung: Apokryphen sind »deuterokanonische Schriften«. Aufgrund starken Widerspruchs, besonders aus Schottland, entfernte die »Britische Bibelgesellschaft« die Apokryphen aus der Bibel.

Es gibt auch NT-Apokryphen

Das kann aber nur mit großer Einschränkung gesagt werden, denn sie wurden nie als deuterokanonisch angesehen. Ihr Inhalt war weitgehend ein Produkt häretisch-esoterischer Kreise und war gnostisch, doketisch und libertinistisch orientiert. Das rasche Entstehen der frühkatholischen Kirche erklärt sich nur aus der notwendigen Abgrenzung von ketzerischen Schriften und Gruppen. Während das AT in einer Zeitspanne von 1000 Jahren entstand, wurde das NT faktisch nach 100 Jahren Entstehungsgeschichte abgeschlossen. Die Apokryphen des NT wurden nie ins NT aufgenommen, auch nicht in einem Anhang. Wir haben es da zu tun mit Kindheitsevangelien (ähnlich den von Selma Lagerlöf gesammelten »Christuslegenden«), dann einer Fülle von sogenannten Evangelien (Thomas-, Nazaräer-, Ebionäer-, Hebräer-, Ägypter-, Petrus-Evangelium), ferner apostolischen Briefen und Apokalypsen. Alle diese Schriften sind ohne historischen Quellenwert – sie sind dafür viel zu spät entstanden und sind dabei stark mirakulös, phantastisch und mythologisch. Wundergeschichten sind phantastisch ausgemalt; Jesus-Worte wurden erfunden. Diese so üppig wuchernde Volksfrömmigkeit durfte keinen Einlaß in den biblischen Kanon finden – sie ist aber ungemein interessant für den Wissenschaftler, der in die Volksfrömmigkeit einen Einblick gewinnen will.

Auch von Pseudepigraphen zu unterscheiden

Pseudepigraphen sind ein spätjüdisches Literaturerzeugnis, das nicht auf einer Stufe mit den Apokryphen steht. Die Bezeichnung »Pseudepigraphen« will besagen, daß die Verfassernamen gefälscht sind. (Genau betrachtet gilt das allerdings auch für die anerkannten Apokryphen.) Es handelt sich um Lehr-, Mahn- und Trostschriften, die weitgehend prophetischer und apokalyptischer Natur sind, wie die Henoch- und Baruchapokalypse. Die pseudepigraphischen Schriften bestehen zumeist aus Legenden, mit denen man Lücken in der Überlieferung ausfüllen wollte, so z. B. ein »Martyrium des Jesaja«. Innerhalb der reformatorischen Bewegung war Karlstadt der erste, der sich mit der Kanonbildung der Bibel befaßte. Er schloß sich der Definition des Hieronymus an und trennte das AT von den Apokryphen und diese wiederum von den Pseudepigraphen. Auch die katholische Kirche erkennt die Pseudepigraphen nicht als kanonische Schriften an.

Das Buch Judit

Das Buch als solches

Das Buch Judit steht an erster Stelle unter den apokryphen Schriften der Bibel. Für diese Plazierung gibt es wohl keine Begründung – es sei denn, daß es sich großer Beliebtheit erfreute. Es enthält 16 Kapitel und erzählt darin die Geschichte einer schönen Frau, die ihrem Volk durch ihre Tat einen großen Dienst erwies.

Der Inhalt

Es wird erzählt, daß der König der Assyrer, Nebukadnezar, seinen Feldhauptmann Holofernes beauftragte, die westlichen Völker Syrien, Arabien und Palästina für versagte militärische Hilfe bei einem anderen Feldzug zu züchtigen. So kam es zu der Belagerung der Stadt »Bethulia« in Juda. Nebukadnezar tat dies im 13. Jahr seiner Regierung – er residierte in Ninive. Mit einem Heer von 132 000 Mann zog Holofernes gen Westen, verschonte kein Reich, unterwarf alle Städte und raubte die Länder aus. Die meisten Völker und Städte unterwarfen sich, verzichteten auf ihre Götterbilder – natürlich unter dem Zwang des Siegers – und priesen Nebukadnezar als ihren Gott. Nur die Juden wehrten sich. Sie besetzten die Pässe der Gebirge, bauten Mauern um ihre Dörfer, legten Vorräte für den Fall der Belagerung an, aber sie taten auch Buße: sie beteten zu Gott, daß ihr Heiligtum nicht zerstört würde. Der Hohepriester Jojakim forderte das Volk auf, zu fasten und zu beten. Im 5. Kapitel lesen wir von einem Ammoniter namens Achior, der ein hohes militärisches Amt in der assyrischen Söldnerarmee hatte und gute Kenntnisse über Land und Leute in Israel besaß. Er kannte die Geschichte der Israeliten; er wußte, daß sie von den Chaldäern abstammen, zunächst in Mesopotamien wohnten, dann nach Kanaan zogen und später bei den Ägyptern zu Zwangsarbeit genötigt wurden. Er wußte um die Erlebnisse am Roten Meer und am Sinai, und er erinnerte daran, daß niemand dem Volk dauerhaft Schaden zufügen konnte, wenn dies Volk im Dienst des Herrn stand und nur den einen Gott verehrte. Achior warnt davor, die gerade aus dem Exil zurückgekehrten Israeliten anzugreifen. Holofernes war über den Rat des Achior sehr verärgert und befahl, Achior nach Bethulia zu bringen und somit in die Hände Israels zu geben – er sollte das gleiche Schicksal erleiden wie die Stadt Bethulia und ihre Bevölkerung. Die Not in der Stadt wurde groß, als die Feinde die Quellen eroberten und damit die Wasserversorgung der Bevölkerung lahmlegten. Schließlich verlangten die Bürger von den Ältesten ihrer Stadt, ein Übergabeangebot zu machen. Man beschloß, nach fünf Tagen die Stadt den Belagerern zu übergeben. Da faßte Judit, eine gottesfürchtige Witwe, die schön und reich war, den Entschluß, etwas für ihr Land und ihre Stadt zu tun und erbat sich dafür lediglich Stillschweigen und Fürbitte. In ihrem Gemach betete sie: »Du, Herr, hast nicht Lust an der Stärke der Rosse. Die Hoffärtigen haben dir noch nie gefallen – aber allezeit hat dir gefallen das Gebet der Elenden und Demütigen . . .« Dann schmückte sie sich nach Waschung und Salbung ihres Körpers mit ihren schönsten Kleidern und wertvollem Geschmeide. Sie ging vor die Stadt – in Begleitung ihrer Magd – und wurde rasch von den gegnerischen Wachen aufgegriffen und zum Feldherrn Holofernes gebracht, der sehr bald Wohlgefallen an ihr fand (die Kapitel 10 und 11 berichten davon). Auch im feindlichen Lager hielt sie sich an die jüdischen Gebetszeiten und Speisevorschriften. Ihr zu Ehren hielt Holofernes am vierten Abend ein Festmahl – seine Leidenschaft für sie war bereits sehr angefacht – aber Holofernes trank zu viel Wein und schlief ein. Judit nützte die Lage, tötete ihn mit seinem Schwert und ließ die Magd den Kopf des Holofernes in einen Sack stecken, und beide Frauen kehrten nach Bethulia zurück. Der Ammoniter Achior bekehrte sich beim Anblick des Kopfes zum Judentum – das feindliche Heer floh entmutigt, wurde von den Israeliten verfolgt und völlig geschlagen. Im letzten Kapitel lesen wir, daß Judit Gott in einem Hymnus dankt. Der Hohepriester Jojakim und der Rat von Jerusalem kamen zu Judit und sprachen: »Du bist die Wonne Israels, du bist die Ehre unseres Volkes... gepriesen seist du vor Gott in Ewigkeit.« Judit lebte weiter hochgeehrt, lehnte alle Heiratsanträge ab, um Witwe zu bleiben. Ihrer Magd gab sie die Freiheit. Ihren Reichtum verschenkte sie vor ihrem Tode. Als Heldin wurde sie geehrt, und jener Tag der Tötung des Holofernes wurde als Festtag in den Kalender der Hebräer aufgenommen.

Beliebtheit des Buches

Zwar ist der originale hebräische Text verlorengegangen, aber dafür existieren noch zwei lateinische und zwei syrische Übersetzungen und eine etwas später entstandene hebräische Rückübersetzung. Das Buch Judit erfreute sich großer Wertschätzung bei Kirchenvätern wie Clemens Alexandrinus, Tertullian, Origenes, Ambrosius und Augustinus. Bis in die Gegenwart hinein verherrlichten Künstler, Dichter und Dramatiker die Tat der Judit.

Echte Geschichte?

Etliche Namen- und Datenangaben lassen die Geschichtlichkeit des Erzählten fraglich erscheinen. So war Nebukadnezar nicht König der Assyrer, sondern der Babylonier. Seine angebliche Residenz Ninive war bereits 612 zerstört, also vor seinem Regierungsantritt. Die jüdische Kultgemeinschaft wurde erst 520/516 wiederhergestellt, aber Nebukadnezar starb bereits 562 vor Christus. Es gab allerdings um 350 einen Feldzug des Artaxerxes III. gegen Ägypten, bei dem ein General Orophernes genannt wird. Man muß vermuten, daß hinter der Erzählung Judit irgendwelche geschichtlichen Vorgänge stecken und daß es eine heroische Tat einer Frau gegeben hat. Als der Erzähler im zweiten vorchristlichen Jahrhundert sein Buch verfaßte, verwandte er einen bereits sagenhaft gewordenen Stoff ohne genaue Kenntnis der historischen und geographischen Situation, denn die Feldzüge Nebukadnezars lagen 300 Jahre zurück.

Die Tendenz

Wenn man die freie Komposition schon nicht historisch auswerten kann, so erkennt man doch die Absicht des Verfassers, der während der Makkabäerkämpfe das jüdische Volk ermutigen möchte durch den Hinweis auf Judits Heldentat. Die religiöse Tendenz ist klar ersichtlich: das auserwählte Volk ist unantastbar, solange es gesetzestreu lebt. Israel muß sich selbst behaupten. Judit ist Vorbild für Frömmigkeit, Keuschheit, Wohltätigkeit und Gesetzestreue.

Verfasser

Der Verfasser ist unbekannt, müßte aber ein palästinensischer Jude gewesen sein, der in der Mitte des zweiten vorchristlichen Jahrhunderts sein Buch verfaßte, um die Widerstandskraft seines Volkes zu stärken. In einem spannenden Stil schrieb er und baute die Szenen kunstvoll auf. Überlieferte Stoffe verarbeitete er zu seinen Zwecken: Kampfbereitschaft gegen die Unterdrücker der jüdischen Religion. Das Buch wurde zu einer Mischung von Geschichtsschreibung (auch wenn der historische Kern nicht mehr nachweisbar ist), Sage und antikem, spannendem Roman mit der Tendenz: zur höheren Ehre Gottes darf der Feind Israels durch List und Mord vernichtet werden. Gleichzeitig wird betont, daß Gott nur bei den Gesetzestreuen ist. Wir kennen das Juditbuch aus griechischen, aber auch aus syrischen, äthiopischen und lateinischen Übersetzungen – wobei man zugeben muß, daß sie nicht völlig übereinstimmen. Das älteste Exemplar wurde 1946 in Ostrakon gefunden und entstammt der zweiten Hälfte des zweiten nachchristlichen Jahrhunderts.

Aussagen des Glaubens

Im Buch Judit steht so manches, was nicht als Wort Gottes zu deuten ist. Aber das gilt schließlich auch für das gesamte AT, denn die Rachepsalmen und so manche Schilderung im AT kann man nicht als Wort Gottes ansehen. Dennoch fällt nicht alles im Buche Judit durch dieses Sieb – wir entdecken ganz großartige Aussagen des Glaubens: Der Hinweis auf die Wichtigkeit des Gebetes (4, 12ff) – Israel unter Gottes Schutz (5, 15) – Das Sündenbekenntnis (7, 19f) – das Vertrauen zu Gott (8, 11-14) – das Glaubensbekenntnis (8, 16 und 9, 13ff) – der Dankpsalm (13, 17ff) – das Loblied (16, 2-3, 15-19). Man wird allerdings auch fragen müssen, ob nicht eine Akzentverschiebung stattgefunden hat: ob aus der Jahweverehrung eine Menschenhuldigung geworden ist – eine Verwandlung des Tempels zur Siegeshalle für die fromme aber doch auch große Heroine. Zumindest ist es so, daß mit Jahwe zugleich Judits Tat gefeiert wird. Der Ertrag dieser Erzählung ist wohl in jenem Wort zusammengefaßt: »Die ganze Schöpfung muß dir dienen; denn was du sprichst, das muß gescheh'n; du sendest deinen Geist, und alles wird geschaffen; und deinem Wort kann niemand widerstehen. Die Berge müssen beben, und die Felsen zerschmelzen wie Wachs vor dir; aber denen, die dich fürchten, schenkst du große Gnade« (16, 19).

Die Weisheit Salomos

Das Buch »Die Weisheit Salomos« gehört zur jüdischen Weisheitsliteratur und könnte durchaus im AT-Kanon stehen, wenn man es vom Inhalt her betrachtet. Seine Entstehung im außerpalästinensischen Raum trug dazu bei, daß es unter die Apokryphen gezählt wird. Es ist zweifellos eins der bedeutsamsten Werke des hellenistischen Judentums.

Gliederung

Das Buch enthält 19 Kapitel und gliedert sich in drei Teile. Kapitel 1-5: Die Weisheit ist die Tugend der Gerechten und Lohn der Frömmigkeit. 6-9: Weisheit ist höchstes Wissen der Könige – Salomo mahnt die Königskollegen, Weisheit zu suchen. 10-19: Der Verfasser beschreibt die Wirkung der Weisheit auf die Geschichte Israels und zwar von Adam bis Mose. – Hierbei sind die Kapitel 13-15 eingeschoben, in denen die Torheit des Götzendienstes beschrieben wird.

Inhalt

Der Verfasser lobt die Weisheit und warnt vor törichter Gottlosigkeit und vor Götzendienst. Das Buch stellt somit eine Apologie (Verteidigungsschrift) des jüdischen Monotheismus dar – sie ist an abtrünnige Juden gerichtet, besonders an solche, die zu führenden Posten aufgestiegen sind.

Ganz stark betont wird die Aufforderung an die Machthabenden, der gottgebundenen Weisheit Raum zu gewähren. Es ist mit relativer Sicherheit anzunehmen, daß der Verfasser gegenüber dem kanonischen Buch »Prediger Salomo« ein Korrektiv anbringen wollte. Während der »Prediger Salomo« von der Nichtigkeit allen menschlichen Strebens schreibt und von der Unfähigkeit, das Handeln Gottes zu begreifen, so daß letztlich alles »eitel« ist, will der Verfasser unseres Buches eine positivere Antwort geben: Gott hat den Menschen zur Unvergänglichkeit geschaffen – die Seelen der Gerechten sind in seiner Hand (2, 23 - 3, 1) – es gibt Hoffnung auf Unsterblichkeit (1, 15; 3, 2. 4. 7; 5, 16).

Brückenschlag

Der Verfasser unternimmt einen Brückenschlag zwischen der Offenbarungsreligion des Judentums und der griechisch-platonischen Philosophie. Er will griechisch-hellenistisches Weisheitsdenken und jüdische Gerechtigkeitslehre miteinander verbinden und voneinander abgrenzen. Damals war in Alexandria (Nordägypten) das Exiljudentum durch das griechische Denken bedroht. So kommt es, daß unser Buch zu den bedeutendsten Werken jener Zeit gehört, wenn man von Philos Schriften absieht.

Dennoch hellenistischer Einfluß

Der jüdische Kern ist unübersehbar, aber er ist umgeben von der Schale des hellenistischen und ägyptischen Synkretismus. Das ist sehr leicht nachzuweisen. Man schaue nur auf die vier Kardinaltugenden (8, 7), die von der Weisheit wie von einer Lehrerin gelehrt werden: Maßhalten, Einsicht, Gerechtigkeit und Mannhaftigkeit – ferner: die Lehre von der Präexistenz und Unsterblichkeit der Seele (4, 14 und 9, 15). Wir nehmen die Lehre von der Gefangenschaft der unsterblichen Seele im verweslichen Leib zur Kenntnis – auch die Ablehnung der pharisäischen Hoffnung der Auferstehung der Toten. Man muß feststellen, daß die Weisheit hier zu einem Mittelwesen zwischen dem weltfremden Schöpfer und der geschaffenen Welt erklärt wird – daß sie Beisitzerin des Thrones ist (8, 3f und 9, 4). Hier liegt eine Ähnlichkeit mit den Gedanken des etwas jüngeren Philo vor. Aber auch Begriffe der Mysteriensprache sind eingeflossen (8, 4), wo gesagt wird, daß die Weisheit »in Gottes Wissen eingeweiht« ist. Zweifellos hat sich hier inhaltlich schon etwas verändert. Während die mosaische Religion eine reine Diesseitsreligion ist, wobei die irdischen Güter als Zeichen für Gottes Wohlgefallen angesehen wurden, auch als Lohn für redliche Mühe, so sind nun in der Weisheit Salomos die diesseitigen Güter gering geschätzt. Sogar Leben und Kinderreichtum sind nicht mehr als der Güter höchste angesehen (4, 1). Während in den »Sprüchen Salomos« (3, 19) die Weisheit nur göttliches Prinzip ist, wird in der »Weisheit Salomos« die Weisheit zur Weltschöpferin – ihre Mitbeteiligung wird zumindest ausgesagt (7, 21). Auch wenn der Verfasser mit den Mitteln der hellenistischen Bildung den jüdischen Glauben stärken wollte und den jüdischen Offenbarungsglauben gegen die griechisch-platonische Philosophie verteidigen wollte, so läßt sich nicht verheimlichen, daß er mit der Sprache und Begrifflichkeit des Hellenismus auch dessen Gedanken teilweise mitübernommen hat. Dennoch trennen ihn viele Gräben von Philo. Unser Verfasser schuf kein philosophisches System, und er wandte auch nicht die Allegorese dem Bibeltext gegenüber an, wie Philo es tat.

Wer ist der Verfasser?

Der König Salomo wurde schon sehr früh als Autor ange-
zweifelt – von Origenes, Hieronymus und Augustinus.
Man braucht nicht anzunehmen, daß der Verfasser eine be-
wußte Fälschung vorgenommen hat, auch wenn er Salomo
in der ersten Person (in den Kapiteln 7-9) reden läßt. Es
war im Altertum üblich, sich eines bekannten Namens zu
bedienen, um der eigenen literarischen Arbeit Aufmerk-
samkeit zu verschaffen. Der König Salomo ist ja auch nicht
der Verfasser der kanonischen Bücher, die nach ihm benannt sind. Im Canon Muratori wird die Annahme vertre-
ten, daß die »Weisheit Salomos« von Freunden des Königs
zu dessen Ehren geschrieben wurde. Man ist heute allgemein der Auffassung, daß der uns unbekannte Verfasser
ein griechischer Jude der Stadt Alexandria ist, also ein Dia-
sporajude mit einer soliden hellenistischen Bildung. Sein
Sprachstil, der sogenannte Parallelismus membrorum erweist ihn als Juden. Aber er kannte die Anschauung von
Plato, Heraklit, die Philosophie der Epikureer und der Stoi-
ker, sonst hätte er sie nicht so trefflich im 2. Kapitel charak-
terisieren können. Martin Luther meinte im Gefolge von
Hieronymus, daß dem Philosophen Philo das Buch zuzu-
schreiben sei. Dagegen spricht, daß Philo erst zwischen 25
vor und 40 nach Christus lebte. Der jüdische Verfasser des
Weisheitsbuches aber wollte auf keinen Fall durch Allegori-
sierung jüdisches Gedankengut umfrisieren, wie Philo es
tat. Der Verfasser wollte mit seinem Buch eine Brücke von
alttestamentlicher Frömmigkeit zu abgefallenen und vom
Hellenismus verführten Juden bauen und sie für die Synagoge zurückgewinnen.

Die Adressaten

Mit der letzten Bemerkung ist die Frage nach den Adressaten eigentlich schon beantwortet. Im ersten Kapitel sieht es so aus, als wenn König Salomo seine königlichen Kollegen in der Welt belehren wollte – nur muß man sich fragen, wer denn wohl von den heidnischen Herrschern jener Zeit dies Buch je hätte lesen sollen. Man muß daher wohl annehmen, daß als Adressaten nicht heidnische Herrscher gedacht waren, sondern politisch Großgewordene, die dem jüdischen Milieu entstammten und nun eine gewichtige politische Rolle im Römischen Weltreich – oder eben in Nordafrika – spielten. 1, 16 - 2, 20 kann durchaus gerade ihnen gelten. Ihnen hält er die Torheit ihrer Gottlosigkeit vor. Sie sind vom Epikureismus befallen. Weil sie der jüdischen Religion entfremdet sind, haben sie frivole Lebensanschauungen, verfallen der Genußsucht und der Sittenlosigkeit.

Zur Sprache

Das Buch ist in griechischer Sprache verfaßt. Hieronymus meinte, der Stil des Buches »rieche« nach »griechischer Beredsamkeit«. Die Feststellung, daß im ersten Teil des Buches sich etliche Hebraismen – wie eben der Parallelismus membrorum – befinden, führte zu der Annahme, daß dem ersten Teil des Buches eine hebräische Vorlage zugrunde läge. Sicherlich wird man sagen müssen, daß der Stil des Buches in der zweiten Hälfte griechischer wird, nämlich pathetischer. Auch wird die Terminologie der Mysteriensprache bisweilen übernommen – trotzdem stellte die Septuaginta dieses Buch zwischen Hiob und Prediger Salomo unter die »Lehrbücher«. Vielleicht sah man recht gern in der »Weisheit Salomos« ein Korrektiv zu den »Sprüchen Salomos« und dem »Prediger Salomo«, gewissermaßen als Widerlegung des dort vorfindlichen Pessimismus – so als sollte nun der »richtige und wahre« Salomo zu Wort kommen.

Die Absicht des Verfassers

Das zwischen 150 und 50 vor Christus verfaßte Buch, dessen Text am besten im Codex Vaticanus und Codex Sinaiticus erhalten ist, gehörte zwar nie zum hebräischen Kanon, wohl aber zur Septuaginta und kam so auch in die deutsche Luther-Bibel. Dem in Spannungen und Abfall befindlichen alexandrinischen Judentum und dessen zu Macht gelangten Reichen gilt dies Buch der Weisheit Salomos. Ihnen wird bekundet: die jüdische Religion ist wahre Weisheit. Mit den Mitteln der hellenistischen Bildung und Weisheit soll der jüdische Glaube verteidigt werden. Später bekam Paulus den Hunger der Griechen nach Weisheit zu spüren. Im Brief an die Korinther (1. Kor. 1, 22) geht er auf diesen Weisheitshunger der Griechen ein. Nur hatte Paulus es in Korinth zumeist mit heidnischen Griechen zu tun, während der Verfasser der »Weisheit Salomos« lau gewordene, gräzisierte Juden anschrieb: Der wahre Weise weiß sich an Gott gebunden; der Intellektuelle nur an sich – das ist die Quintessenz dieses Buches.

Das Buch Tobias

Das 3. apokryphe Buch

Es besteht aus 14 Kapiteln. Allgemein bekannt ist die Erzählung von den Schwalben, die aus ihrem Nest heißen Dreck in die Augen des alten Tobias fallen ließen, der dadurch erblindete. Andere zitieren, wenn einer mit offenem Mund gähnt, ohne die Hand davorzuhalten, aus Kapitel 6, Vers 3: »O Herr, er will mich fressen«, was allerdings im Text einen ganz anderen Sinn hat.

Verschiedene Texte

Wahrscheinlich ist das Buch ursprünglich in hebräischer oder aramäischer Sprache verfaßt worden und wurde dann in andere Sprachen übersetzt. So gibt es drei griechische Fassungen: Codex Alexandrinus, Codex Vaticanus, Codex Sinaiticus (der Sinaiticus gilt als der zuverlässigste). Dazu kommen dann Übersetzungen ins Syrische und Alt-Lateinische, woran sich Hieronymus mit seiner Vulgata anschloß – auch Martin Luther mit seiner deutschen Bibelübersetzung von 1534. Hinzu kommen noch etliche mit kleinen Buchstaben geschriebene Handschriften (Minuskeln) des 9. Jahrhunderts und später. Dann gibt es noch drei hebräische und eine aramäische Rückübersetzung vom griechischen Text. Daß gerade dieses Buch in solcher Vielzahl von Fassungen auftaucht, verrät seine Beliebtheit. Auch in Qumran fand man Reste einer hebräischen und zweier aramäischer Übersetzungen. Der Grund für die Beliebtheit ist zunächst wohl in der Anschaulichkeit der Erzählung zu suchen: der junge Tobias findet seine künftige Frau Sara. Eine wichtige Rolle mag auch die im Buch aufgezeigte Dämonologie (Lehre von den Dämonen) und Angelologie (Lehre von den Engeln) gewesen sein. Die lateinische Vulgata-Übersetzung des Hieronymus bezieht sich auf eine aramäische Fassung, die inzwischen verschollen ist. Luther hatte nur die Vulgata zur Verfügung. Der alttestamentliche Wissenschaftler an der Universität Halle, Emil Kautzsch, hielt den Alexandrinustext für den zuverlässigsten – nur den kannte weder Hieronymus noch Luther.

Zeit der Entstehung

Man schätzt: um 200 vor Christus. Jedenfalls stand der herodianische Tempel noch nicht, was aus 14, 7 zu ersehen ist – im Jahre 20 vor Christus begann erst der Tempelbau. Der Entstehungsort des Buches dürfte die Diaspora der Juden sein, also Oberägypten, denn da gab es die Mythologie von der Fesselung des Dämons, und am Hof der Ptolemäer stiegen etliche Juden zu hohen Ämtern auf, was im Buch dann eine wichtige Rolle spielt. Wenn die Endredaktion des Buches auch um 200 angesetzt wird, so ist das verarbeitete Geschichtsmaterial doch älter. Die Theologen früherer Jahrhunderte hielten die Tobias-Darstellung für echte Historie, doch davon ist man seit mehr als 100 Jahren abgekommen.

Motive frei verarbeitet

In Ägypten gibt es die Erzählung vom »dankbaren Toten«, die besonders in den Codex Alexandrinus hineinwirkte.

Ferner spielte der aramäische Achigar-Roman eine bedeutsame Rolle in jener Zeit. Achigar wird als Neffe des alten Tobias genannt. So gibt es regelrechte Übereinstimmungen mit der Weisheitslehre des Achigar, die im syrischen Kulturkreis bekannt war. Achigar war ein assyrischer Weiser im fünften vorchristlichen Jahrhundert, dessen Weisheitslehre auch ins Aramäische übersetzt wurde. So kamen seine Weisheitssprüche in den jüdischen Kulturraum. In den Papyri von Elephantine finden wir sie aufgezeichnet, denn dort existierte eine jüdische Kolonie. Die ausführlichere Form unseres Buches im Sinaiticus zitiert mehr Sentenzen daraus als die in unsere Bibel gekommene Form des Buches Tobias. Man wird aber feststellen müssen: Übernommene Motive und Vorstellungen wurden frei vom Autor verarbeitet, ob es nun das aramäische Achigar-Buch ist, das Märchen vom »dankbaren Toten« oder die persische Dämonenlehre.

Verfasser

Der Verfasser ist wohl ein Exulant, der aus Samarien nach dem assyrischen Ninive verschleppt wurde, in heidnischer Umgebung leben mußte, aber gesetzestreu geblieben war. Er stellt das Schicksal einer 721 deportierten Israelitenfamilie dar – er beschreibt aber in Wirklichkeit die Lebensverhältnisse der Diasporajuden um 200 vor Christus. Der Verfasser, so hat schon 1856 Simrock vermutet, hat das später von Andersen im »Reisekamerad« wiedergegebene Märchen vom »dankbaren Toten« abgewandelt, hat aus dem einen Tobias Vater und Sohn (also zwei) gemacht und den Toten zum Engel gemacht. Bei der so entstandenen didaktischen Erzählung sind lediglich die Königsnamen geschichtlich echt. Sonst ist seine Tobias-Novelle eine freie Erzählung, die zeigen will: Wie Gott die Frommen nicht zuschanden werden läßt – wie Frömmigkeit belohnt wird – wie Gott sich gerade derer annimmt, die unter Heiden wohnen müssen und dadurch zu leiden haben. Somit dürfte der Verfasser sich das Buch »Hiob« zum methodischen Vorbild genommen haben.

Inhalt

Der gesetzestreue Tobias tröstete in Ninive seine Mitgefangenen, bestattete die Toten, erblindete durch die Exkremente einer Schwalbe, murrte aber nicht gegen Gott. Er ermahnte seinen Sohn Tobias: »Dein Leben lang habe Gott vor Augen und im Herzen . . .« (4, 6). In Begleitung des unerkannten Engels Raphael reiste der junge Tobias nach Medien, zu seinem Onkel Raguel, dessen Tochter er zum Weib nahm. Sie hatte mit sieben Männern Ehekontrakte – aber alle starben durch den bösen Geist Asmodäus schon vor der Ehe. Saras Gebet wurde erhört. Auf dem Weg nach Medien nahm Tobias ein Fußbad im Fluß – da schnappte ein Fisch nach ihm (da steht das bekannte Wort: »O Herr, er will mich fressen«). Der Engel befahl, den Fisch zu töten und Herz, Galle und Leber mitzunehmen. Die Eingeweide (Herz und Leber) verbrannte er in der Brautnacht und vertrieb dadurch den bösen Geist. Mit der Frau nun heimgekehrt, heilte er den Vater von der Blindheit mit der Galle des Fisches. Schließlich offenbarte sich der Reisebegleiter als Engel. Seine ihm von Gott gegebene Aufgabe war, den bösen Geist von Sara zu vertreiben.

Das Thema des Buches

Zwei Erzählungen laufen parallel: der alte Tobias verarmt und erblindet – die junge Sara verliert ihre Freier durch den Dämon. Beide beten zu Gott, getrennt voneinander – aber Gott verknüpft ihre Geschicke zum Guten. Das Thema ist eindeutig: Belohnung der Glaubenstreue. Der transzendente Gott erhört durch Vermittlung der Engel die Gebete der Menschen (12, 12). Die märchenhaft-novellistisch erzählende Weisheitsdichtung will anschaulich machen: Frömmigkeit erfährt Gottes Segen. Das Buch Tobias ist wie das Buch »Hiob« ein Lehrbuch mit religiös-ethischer Belehrung – dargestellt in einer abenteuerlich spannenden Erzählung. Daher nannte Martin Luther sie: »Eine wahrhaft schöne, heilsame und nützliche Dichtung – das Werk eines Poeten« – so lesen wir es in seiner Vorrede von 1534. Es bedarf nicht besonderer Erwähnung, daß das Buch Tobias sich nicht nur im Judentum, sondern auch im Christentum großer Beliebtheit erfreute. Die stark ausgeprägte Dämonen- und Engellehre dürfte dem Parsismus entlehnt sein und wurde ins jüdische Denken zu jener Zeit integriert.

Kernaussagen zu Glauben und Ethik

Gott wird als der Erbarmende bezeugt: »Um seines Erbarmens willen wird er uns wieder helfen... glaubt, daß er euch sein Erbarmen erweist« (13, 4.7). Gott – so ist die Vorstellung – ist von Engeln wie von einem Hofstaat umgeben (12, 15). Die hinter diesem Buch stehende Weisheitslehre trägt natürlich einen stark ethisch-pädagogischen Charakter. Tobias senior wird als gerechter, pietätvoller (gegen Eltern und Verstorbene) Mann gezeichnet, mit ausgeprägtem Familiensinn und Gerechtigkeitsstreben. Er ist meisterhaft in jüdischer Frömmigkeit.

Einige Proben aus der Ethik des Buches: Almosengeben rettet vor dem Tode, tilgt Sünden und führt zum ewigen Leben (4, 11). Im 4. Kapitel finden wir ethische Weisungen: »Dein Leben lang habe Gott vor Augen und im Herzen und hüte dich davor, jemals in eine Sünde einzuwilligen und gegen die Gebote unseres Gottes zu handeln ... hast du viel, so gib reichlich – hast du wenig, so gib das Wenige von Herzen ... Almosen erlösen von allen Sünden, auch vom Tode, und lassen die Seele nicht in Finsternis geraten. Hüte dich, mein Sohn, vor aller Hurerei, und außer mit deiner eigenen Frau, laß dich mit keiner andern ein ... teile dein Brot mit dem Hungrigen ... suche deinen Rat immer bei den Weisen ... was du nicht willst, daß man dir tu, das füg auch keinem andern zu.« (Jesus übernahm dies Wort in der Bergpredigt und setzte es lediglich in den Plural: Mt 7, 12.) Im 14. Kapitel lesen wir: »Dient dem Herrn in der Wahrheit und tut, was ihm gefällt. Lehrt eure Kinder Gerechtigkeit üben und Almosen geben, Gott vor Augen haben und ihn allezeit preisen in Wahrheit und mit aller Kraft.« Ferner lesen wir: »Wir sind Kinder der Heiligen und warten auf ein Leben, das Gott denen geben wird, die im Glauben treu und fest an ihm bleiben« (2, 17.18). 4, 14.15: »Hoffart laß weder in deinem Herzen noch in deinen Worten herrschen, denn mit ihr hat alles Verderben seinen Anfang genommen. Wer für dich arbeitet, dem gib sogleich seinen Lohn und enthalte dem Tagelöhner den Lohn nicht vor.« Wie wir sehen, geht es nicht um eine ideologisch ausgerichtete Ethik, sondern um eine im Glauben an Gott gebundene Ethik, die Weisheit zugleich ist.

Das Buch Jesus Sirach

Weisheitsliteratur

Das Buch Jesus Sirach steht in katholischen Bibeln an letzter Stelle der Weisheitsliteratur – in protestantischen Bibeln unter den Apokryphen an vierter Stelle. Die lateinische Bezeichnung ist »Liber ecclesiasticus« – im hebräischen Fragment lautet die Überschrift »Worte Jesu, des Sohnes Eleazars, des Sohnes Sira«, entsprechend der Nachbemerkung in Kap. 50, 29. Mit seinen Ermahnungen und Lebensregeln gehört dieses Buch zur Weisheitsliteratur wie die »Sprüche Salomos« oder der »Prediger Salomo«. Es lassen sich auch viele Gemeinsamkeiten nachweisen. Das Buch »Jesus Sirach« ist das umfangreichste Werk der jüdischen Weisheitsliteratur – mit 51 Kapiteln. Es ist zugleich ein wichtiges Kulturdokument jener Zeit, da es ethische Aussagen macht zu den verschiedensten Lebensbereichen. Es ist im typisch hebräischen Stil verfaßt. In den Zweiteiler-Versen finden wir den dichterischen Parallelismus membrorum, so z.B. »Eifer und Zorn verkürzen das Leben / und Sorge macht alt vor der Zeit« (30, 26).

Viele Worte dieses Buches sind in unseren Sprichwortschatz übergegangen, so z.B.: »Der Segen des Vaters baut den Kindern Häuser, aber der Fluch der Mutter reißt sie nieder« (3, 11) oder »Wer eine Grube gräbt, der fällt selbst hinein« (27, 29). Man sollte auch nicht übersehen, daß das Lied »Nun danket alle Gott« eine Umdichtung von Kapitel 50, 24-26 ist, wo es heißt: »Nun danket alle Gott, der große Dinge tut an allen Enden, der uns von Mutterleib an lebendig erhält und uns alles Gute tut. Er gebe uns ein fröhliches Herz und verleihe immerdar Frieden zu unsrer Zeit in Israel und daß seine Gnade stets bei uns bleibe und uns erlöse, solange wir leben.«

Der Verfasser

Wir kennen sowohl den hebräischen Verfasser als auch den griechischen Übersetzer. Der Verfasser ist ein in Jerusalem lebender Jude namens Jesua ben Sira (50, 29). In der griechischen Übersetzung wurde daraus »Jesus Sirach«. Der Übersetzer ist der Enkel des Verfassers, der im 38. Regierungsjahr des Königs Ptolemäus Euergetes, also 132 vor Christus, mit dem Buch seines Großvaters nach Alexandrien kam und dort eine griechische Übersetzung anfertigte. Das Original dürfte zu Beginn des zweiten vorchristlichen Jahrhunderts entstanden sein und zwar in Jerusalem – daher der Lobpreis für den Hohenpriester Simon (50). Der Enkel fügte dem Buch nur das Vorwort, das Schlußwort (50, 29-31) und den Nachtrag (51, 1-3) hinzu.

Die Entstehungszeit

Das Buch verdient unbedingt Beachtung, schon wegen seines Alters, zumal es älter als das Danielbuch ist, das sicher nicht wegen seines Inhalts mit der Aufnahme in den alttestamentlichen Kanon bevorzugt wurde, sondern wegen des Namens »Daniel«. Hätte Jesus Sirach statt seines Namens einen Prophetennamen als Autor genannt, so wäre sein Buch zweifellos in den AT-Kanon aufgenommen worden, denn sein Buch ist gleichwertig mit den »Sprüchen Salomos«. Das hebräische Original, etwa um 190 vor Christus entstanden, ist verlorengegangen. Die griechische Übersetzung des Enkels, etwa 132 entstanden, ging in die Septuaginta ein. Bis 1896 kannte man außer der griechischen und lateinischen, der koptischen und äthiopischen Übersetzung keinen hebräischen Text. Erst die Funde in der Geniza von Alt-Kairo, aber auch in Masada und den Höhlen von Qumran, brachten Bruchstücke von hebräischen Abschriften aus dem 9. und 10. nachchristlichen Jahrhundert zutage. Zusammengerechnet ergeben die Fragmente 3/5 des Buches. Eine Geniza ist ein tür- und fensterloses Versteck unter einer Synagoge, wo man unbrauchbare Kultobjekte und abgenutzte heilige Schriften rituell begrub – oft wurden da auch Gelehrte begraben. Bei diesen Fragmenten handelt es sich um Rückübersetzungen aus der syrischen Sprache ins Hebräische. Zwei schottische Damen hatten in Kairo von einem Geniza-Plünderer einige Fragmente als Souvenirs mitgenommen und Professor Salomon Schechter (Cambridge) gezeigt, der den Wert erkannte, nach Kairo fuhr, in die Geniza hinabstieg und aus meterhohem Schutt Sirach-Fragmente barg.

Die Aussage

Der »außerkanonische Doppelgänger der salomonischen Spruchbücher«, wie E. Schürer das Buch Jesus Sirach nannte, enthält Lebensweisheiten in poetischer Form dargeboten, Regeln für das gesellige Leben und politische Verhalten. Dahinter stehen sicherlich das salomonische Vorbild, dann der nüchterne Verstand, hellenistische Bildung, aber auch eine klare Korrektur an der salomonischen Weisheitslehre. Vor Jesus Sirach war Weisheit mit Gottesfurcht identisch und äußerte sich in einer gewissen Unterordnung unter die von Gott gesetzte Weltordnung. Jetzt setzt Jesus

Sirach die Weisheit dem Gesetz Gottes gleich (24), denn beide sind Gestalt gewordene Offenbarung Gottes. Weisheit ist genauso eine Gabe Gottes an sein Eigentumsvolk wie das Gesetz. Der Weise ist somit der Schriftgelehrte, für den Gesetzeserfüllung und Weisheit gleichbedeutend sind. Während bis dahin die Weisheit international und interreligiös orientiert war, wird nun eine typisch jüdische Weisheit gelehrt.

Dabei beleuchtet Jesus Sirach die Vätergeschichte. So erklärt sich wohl auch die Beliebtheit des Buches beim Judentum und seine häufige Zitierung in der Talmud-Literatur. Die Liebe zur Weisheit ist identisch mit der Liebe zur Thora (24, 1ff). Von Jahwe ist die Weisheit geschaffen, aus seinem Munde ist sie hervorgegangen (24, 3). In der Thora schlug sie Wurzeln und wuchs zu einem herrlichen Baum heran (24, 16ff). Der Weise ist im Unterschied zu den weltlichen Berufen, die mit den Händen schaffen, der Beratende und Richtende. Er lebt von der Bildung (Hellenistischer Einfluß!). Er erwirbt diese Bildung auf Reisen (39, 5); das ist wohl ein Hinweis auf die reisenden Philosophen der hellenistischen Kultur. Er ist der Gesetzeskundige. Er huldigt der rationalistischen Tendenz, daß Frömmigkeit lehrbar ist. Während bei Hiob (28, 28) »die Furcht des Herrn« die Weisheit ist, sagt Jesus Sirach: »Wer Weisheit lernt, braucht viel Zeit« (38, 25) – und man »muß die Weisheit der Alten erforschen und in den Propheten studieren« (39, 1). Bei Hiob ist der Weise ein Mensch mit Gottvertrauen – bei Jesus Sirach ist er einer, der in der hl. Schrift forscht. Darum ist Weisheit mit dem Gesetz identisch, mit der Bejahung der Geschichte Israels – daher in Kapitel 44-50: das Lob der Väter.

So trägt das Buch Jesus Sirach ein wesentlich stärkeres jüdisches Gepräge als »Prediger Salomo« und »Sprüche Salomos«. Die Betonung des Gesetzes steht im Vordergrund

(32, 1-13; 45, 6-26; 50, 1-24). Jahrhundertealtes Traditionsgut des Ostens verband sich mit hellenistischer Bildung, hielt Einzug in Jerusalem und erst recht in Alexandrien – drum wollte Jesus Sirach der schwankend gewordenen Judenschaft den Glauben der Väter als höchste Weisheit anpreisen.

Die Themen der Sentenzen

Die Ethik des Juden soll sich am Gesetz orientieren: Bei Erfüllung des Gesetzes gewinnt man Heil und Nutzen, sonst nur Schaden und Gericht. Ein wichtiges Thema ist rechtes Sozialverhalten gegenüber Freund und Feind, Armen und Reichen, Jungen und Alten, Herren und Sklaven. Die Weisheit wird in Lehrgedichten gepriesen, so in 1, 1-20 oder 4, 12-22 oder 14, 22 - 15, 10 oder 51, 13-30. Regelrechte Hymnen unterbrechen die Spruchsammlung, so 39, 12-35 oder 42, 15 - 43, 33 oder 51, 1-12 oder 24, 1-34. Da wird die Weisheit, die aus dem Munde des Höchsten kommt, fast schon wie ein Geistwesen angesehen, so in den Versen 6 und 14: »Mein Zelt war in der Höhe und mein Thron auf den Wolken.« Zu den Hymnen darf man auch den Lobpreis auf die Väter von Henoch bis Nehemia zählen (44-49). Dahin gehört auch die Würdigung des Hohenpriesters Simon, der 199 vor Christus gestorben ist (50, 1-23). In Kapitel 50 haben wir jenes Schlußgebet, das Martin Rinckart zum Choral »Nun danket alle Gott« umgedichtet hat. Hinweisen möchte ich auch auf das alphabetisch geordnete Lied in Kapitel 51, 13-30, in dem ganz besonders deutlich die poetische Begabung des Verfassers sichtbar wird. Die Spruchweisheit ist unter feste Themen geordnet. Kapitel 2, 1-18: Mahnung zu Geduld im Leiden: »Wie das Gold durchs Feuer, so werden auch, die Gott gefallen, durchs

Feuer der Trübsal erprobt.« Kapitel 3, 1-16: Pietät und Gehorsam gegenüber den Eltern: »Ehre Vater und Mutter mit der Tat und mit Worten und mit aller Geduld, damit ihr Segen über dich kommt.« Im 4. Kapitel wird zu Milde und Barmherzigkeit gegenüber den Armen aufgefordert. 5, 13 gibt einen Rat: »Sei schnell bereit zum Hören und laß dir Zeit, freundlich zu antworten« – dies Wort finden wir ganz ähnlich im Jakobusbrief (1, 19) wieder.

Mahnungen für den Umgang mit Freunden, Sklaven und für das Verhältnis zu Frauen bringen köstliche Lebensweisheiten: »Meide die Frau, die dich verführen will, damit du ihr nicht ins Netz gehst« – »Schöne Frauen haben schon viele betört« – »Schaue nicht nach Reizen, die dich nichts angehen.« Dann finden wir Worte zur Gastfreundschaft (12), zum Benehmen bei einem Gastmahl (34, 5) und zur Mäßigkeit (37, 8): »Viele haben sich zu Tode gefressen, wer aber mäßig ißt, der lebt desto länger« (37, 34). Zusammenfassend sei festgestellt: Glückseligkeit ist das irdische Ziel – Gottesfurcht ist der Weg zu ihr hin.

Das Buch Baruch

Baruch

Der hebräische Name »baruk« bedeutet: der Gesegnete. Er
kam aus einflußreicher, vornehmer Familie – sein Bruder
hatte eine hohe Stellung inne. Baruch ist Freund und Se-
kretär des Propheten Jeremia gewesen, so wird es uns im
Buch des Propheten Jeremia berichtet. Er ist auch der
Schreiber der Buchrolle, in der Jeremia das Unheil für sein
Volk, für Juda, ankündigte (36) – der König warf sie ins
Feuer – Baruch mußte zum zweiten Male diese Buchrolle
schreiben. Vermutlich fand er mit Jeremia den Tod in
Ägypten. Baruch war nicht nur Sekretär, sondern auch
Mitdenker in den großen politischen Entscheidungen. Er
erfreute sich so großer Beliebtheit, daß man sich für später
verfaßte Schriften seines Namens bediente. So gibt es »Das
Buch Baruch«, eine syrische und eine griechische »Baruch-
Apokalypse« und etliche weitere kleine Schriften, die un-
ter Baruchs Namen erschienen.

Zum Buch

In der orthodoxen und der römisch-katholischen Kirche
gilt das Buch Baruch als kanonisch. In der Septuaginta finden wir es unmittelbar nach dem Propheten Jeremia, vor
den Klageliedern. In der Lutherbibel steht es unter den
Apokryphen.

Der Verfasser

Der Verfasser ist mit Sicherheit nicht der geschichtliche Baruch, der Freund und Sekretär Jeremias. Viele Wissenschaftler nehmen an, daß das Buch zwei Verfasser hat. Sie begründen dies mit der Verschiedenartigkeit des Inhaltes – aber auch aus sprachlichen Gründen. Hinter dem ersten Teil steht eine hebräische Vorlage. Ab Kapitel 3, 9 liegt ein griechisches Original vor, das durch die Eleganz der Sprache auffällt. Bis 3, 9 ist das Buch in Prosa geschrieben, von da ab in poetischem Stil. Im Buch des Propheten Jeremia ist nichts davon zu lesen, daß Baruch als Exulant in Babel war, wie im Baruchbuch 1, 3 behauptet wird. Als Jerusalem 587 zerstört wurde, befand sich Baruch bei Jeremia in Palästina. Auch die anderen unter dem Namen Baruch erschienenen Bücher (die syrische und griechische Apokalypse) sind erst um 100 bis 130 nach Christus verfaßt worden. So hat ein späterer Unbekannter unter dem berühmten Namen Baruch sein Buch geschrieben.

Manche datieren den ersten Buchteil auf das dritte vorchristliche Jahrhundert, den zweiten Teil auf den Anfang der Römischen Herrschaft über Palästina (66 vor Christus). Man ist sich nur darüber einig: vom historischen Baruch kann es nicht sein – trotz der Behauptung Kapitel 1, 1 – der Verfasser ist zu schlecht über die Zeitverhältnisse orientiert. Einerseits soll Jerusalem durch die Chaldäer zerstört und verbrannt sein (1, 2) – andererseits spricht er von dem Opferkultus im Jerusalemer Tempel (1, 10-14). Viele schwanken in der Festsetzung der Abfassungszeit des Buches zwischen 200 vor und 70 nach Christus. Bei letzterer Terminierung müßte man die zwei Königsnamen Nebukadnezar und Belsazar durch die römischen Namen Vespasian und Titus ersetzen, was auch nicht übermäßig überzeugt. Die Übereinstimmung von Baruch 1, 15-18 mit dem

Danielbuch 9, 7-10, das zwischen 167 und 165 vor Christus entstanden ist, muß nicht als literarische Abhängigkeit des einen vom anderen verstanden werden – es können genausogut beide, Baruch und Daniel, eine gemeinsame Vorlage übernommen haben. Es gibt keine befriedigende Antwort auf die Frage nach dem Verfasser und nach der Abfassungszeit.

Zum Inhalt

Die kurze Überschrift (1, 1-2) nennt den Verfasser, den Abfassungsort Babel und als Abfassungszeit das 5. Jahr der Eroberung Jerusalems. 1, 3-14 ist noch Einleitung, denn das eigentliche Buch beginnt erst bei Vers 15. In der Einleitung wird berichtet, daß das Buch vor Jojachin und den Mitdeportierten vorgelesen wurde. Spontan wurde Geld gesammelt und nach Jerusalem gesandt, um dort im Tempel Opfer zu bringen für die Könige Nebukadnezar und Belsazar, denn wenn es denen gut geht, dann haben auch die Deportierten in Babel nicht so viel zu leiden. Das Buch soll dann auch im Tempel an Festtagen verlesen werden. Mit 1, 15 beginnt dann das eigentliche Buch, das aus zwei Teilen besteht: 1, 15 - 3, 8 ist ein Bußgebet, 3, 9 - 5, 9 ist als poetische Dichtung anzusprechen, als Mahn- und Trostschrift für das Volk Israel. Der Abschnitt 3, 9 - 4, 4 ist ein didaktisches Gedicht auf die Weisheit: Da entsteht Weisheit, wo das Gesetz Gottes beachtet wird. Die folgenden Verse sind eine kleine Sammlung von sieben kurzen Liedern, die sich als Klage- und Trostlieder ansehen lassen. Das 6. Kapitel des Buches soll ein Brief Jeremias an die Judäer sein.

Wichtige Erkenntnisse

Das Weisheitsverständnis des Verfassers ist beachtenswert: Die Wahrheit über die Welt und die Menschen ist niemals durch theoretisches Erkennen und Forschen erlangbar. Verläßliche Wahrheitserkenntnis ist nur im Gottvertrauen und im Umgang mit Gott und seinen Werken möglich. Auf dem Weg übers Begreifen wird der Mensch nie Herr über Gott und die Welt. Hier erkennt man ganz klar, wogegen die Weisheitslehre des Baruch ankämpft: gegen die hellenistische Gnosis. Israel sucht die Weisheit woanders als die Philosophen der griechischen Kultur. Weil Gott Weisheit schenkt, muß sie bei ihm gesucht werden. Frömmigkeit, Offenbarung, Weisheit, Gesetzestreue und Glauben sind einander deckende Begriffe. So schreibt nun Baruch: »Wer weiß, wo die Weisheit wohnt?« (3, 15) – »Es gibt niemand, der den Weg weiß, wo man die Weisheit findet, noch über den Pfad zu ihr nachdenkt« (3, 31) – »Der aber alle Dinge weiß, kennt die Weisheit . . . das ist unser Gott und keiner ist mit ihm zu vergleichen. Er hat jeden Weg der Erkenntnis gefunden und hat sie Jakob, seinem Diener, und Israel, seinem Geliebten, gegeben« (3, 37).

»Danach ist sie auf Erden erschienen und hat bei den Menschen gewohnt. Diese Weisheit ist das Buch von den Geboten Gottes und das Gesetz, das ewig ist. Alle, die fest an ihr halten, werden leben; die sie aber verlassen, werden sterben. Kehre um, Jakob, und nimm sie an; geh in ihrem Licht, das dir entgegenleuchtet. Selig sind wir, Israel!, denn Gott hat uns seinen Willen offenbart« (aus 3, 15-4, 4). Das Lehrgedicht des Baruchbuches lehnt sich stark an Hiob 28 und an Jesus Sirach 24 an. Bei Hiob steht die Aussage »Die Furcht Gottes ist der Weisheit Anfang« im Mittelpunkt. So lesen wir auch bei Sirach: »Das Buch des Bundes, den der höchste Gott aufgerichtet hat, nämlich das Gesetz, das uns Mose befohlen hat ... läßt Weisheit fließen wie der Pischon und wie der Tigris im Frühling ...« Israel aber hat seine eigene Form der Erkenntnis, im Gegensatz zur Gnosis. Daher ruft auch Baruch Israel zur Rückkehr an die Quelle aller Weisheit, die nur bei Gott zu finden ist.

Die Klage- und Trostlieder im 4. Kapitel erinnern an die Trostbotschaft des Deuterojesaja, in Kap. 40, wo es heißt: »Tröstet, tröstet mein Volk ...«, so lesen wir nun bei Baruch: »Sei getrost, mein Volk: An Israel wird noch gedacht werden! Ihr seid an die Heiden verkauft, doch nicht ganz zum Verderben. Weil ihr Gott erzürnt habt, seid ihr euern Feinden übergeben. Denn ihr habt den, der euch geschaffen hat, dadurch zum Zorn gereizt, daß ihr nicht Gott, sondern den Teufeln geopfert habt. Ihr habt den ewigen Gott vergessen ...« (4, 5-9). Und Vers 27 heißt es: »Seid getrost, ihr Kinder und schreit zu Gott ... leidet geduldig den Zorn, der von Gott über euch kommt« (Vers 25).

Jerusalem singt als weibliche Person ein Klagelied über die Deportation ihrer Kinder. Sie wendet sich an die Nachbarinnen, klagt über ihre Not und bittet sie, sich über ihr Leid nicht zu freuen. Statt sich der Schadenfreude hinzugeben, mögen die Nachbarn abwarten, wie Gott Jerusalems Kinder wieder in die Gottesstadt zurückführen wird. An die Deportierten geht die Mahnung zu hoffen, zu beten und sich wieder zu Gott zu bekehren. Bei der Beschreibung der erwarteten Wiederkehr der Exulanten entdecken wir große Ähnlichkeit mit den Aussagen Jesajas, wenn wir bei Baruch lesen: »Mache dich auf, Jerusalem, und tritt auf die Höhe und sieh umher nach Osten und schaue deine Kinder, die vom Westen und vom Osten versammelt sind durch das Wort des Heiligen und sich freuen, daß Gott wieder an sie gedacht hat! Sie zogen aus von dir zu Fuß, weggeführt von den Feinden; Gott aber bringt sie zu dir, in Ehren getragen wie auf einem Königsthron. Denn Gott will alle hohen

Berge und die wenigen Hügel niedrig machen und die Täler ausfüllen, damit das Land eben wird und Israel sicher heimziehen kann unter Gottes Herrlichkeit. Die Wälder aber und alle wohlriechenden Bäume werden Israel auf Gottes Befehl Schatten geben. Denn Gott wird Israel zurückbringen mit Freuden im Licht seiner Herrlichkeit, mit seiner Barmherzigkeit und Gerechtigkeit« (5, 5-9).

Das verzagte Volk soll Mut fassen, wenn auch Jerusalem zerstört ist und das Volk in die Deportation geführt worden ist. Ziel Israels bleibt die Heimat und die heilige Stadt. Die Geldspende der Deportierten für die kultischen Opfer für Nebukadnezar lassen auf die Annahme eines langen Exils schließen – aber wenn es den Gebietern durch Gottes Gnade gut geht, dann werden die Deportierten auch erträgliche Zeiten erleben. Immer wieder werden die Deportierten ermahnt: »Seid getrost, Kinder, leidet geduldig... Gott wird euch aus der Hand der Feinde erlösen.« Aber auch das andere müssen wir beachten: das derzeitige Unglück, das Israel erleidet, ist Gottes Strafe für des Volkes Sünde und für den Ungehorsam gegenüber Gottes Geboten. Baruch sieht in der Deportation und der Zerstörung Jerusalems die Strafe dafür, daß Israel nicht, wie Gott es wollte, Babel gehorsam blieb, sondern Schaukelpolitik zwischen Nord und Süd betrieb. Daher gibt es nur Buße und Hoffnung für Israel.

Der Brief des Jeremia

Mit 73 Versen bildet er das 6. Kapitel und gibt vor, von Jeremia an die Deportierten geschrieben zu sein. Er enthält Warnungen vor der Verehrung heidnischer Götterbilder, vor Teilnahme an Götterprozessionen und heidnischer Prostitution – Vorbild ist sicher der echte Brief des Jeremia 598

(Jer. 29). Dieser Brief ist in älteren Handschriften getrennt vom Baruchbuch aufgeführt, aber in der Vulgata und der Lutherbibel als 6. Kapitel an das Baruchbuch angefügt. Es kann kein echter Jeremia-Brief sein, weil er in zu gutem Griechisch verfaßt ist und von den zu Deportierenden gar nicht gelesen werden konnte. Über den Verfasser und die Abfassungszeit gibt es keine einheitliche Meinung.

»Darum seht euch vor, daß ihr ihnen das nicht nachtut und den Heiden nicht gleich werdet und Furcht vor den Götzen auch euch ergreift ... Wohl dem Menschen, der gerecht ist und keine Götzen hat! Der wird nicht zu Spott« (6, 5 und 6, 73). Der Brief kann nur als Mahnung vor dem Verlust des Glaubens in heidnischer Umgebung verstanden werden.

Das erste Buch der Makkabäer

Es gibt vier Makkabäerbücher – nur zwei befinden sich unter den Apokryphen, die anderen werden zu den Pseudepigraphen gerechnet. Im ersten Makkabäerbuch wird uns von einem späten Stück jüdischer Geschichte berichtet – und zwar vom Regierungsantritt des syrischen Königs Antiochus IV. Epiphanes (der von 175 bis 164 vor Christus regierte) bis zum Tode des Priesterkönigs Simon 134 vor Christus. Somit bildet das erste Makkabäerbuch eine wichtige Geschichtsquelle für das Judentum in diesem Zeitraum.

Der geschichtliche Rahmen

Das späte Judentum erlebte eine ungemein unruhige Zeit. Die persische Herrschaft wurde durch die griechische abgelöst. Bei seinem Feldzug gegen Ägypten kam Alexander der Große 332 vor Christus durch Syrien und Palästina. Von 301 bis 281 beherrschten die syrischen Seleukiden Palästina. 281-198 kam Palästina unter die ägyptische Ptolemäerherrschaft, deren Hauptstadt Alexandrien war. Dort gab es eine große jüdische Kolonie, die Griechisch bereits als Umgangssprache hatte – und daher bestand auch das Bedürfnis nach einer griechischen Übersetzung des AT. Das ist die sogenannte Septuaginta (LXX). In jener Zeit löste sich der Samaria-Kult vom Jerusalemer Tempel und schuf sich eine eigene Kultstätte auf dem Garizim. 198 kam Palästina wieder unter die Seleukidenherrschaft und

wurde syrische Provinz unter Antiochus III. In der Folgezeit erhielt das Judentum durch die Seleukiden manche Pri-
vilegien. Aber unter Antiochus IV. kam es wieder zu ernst-
haften Spannungen mit der jüdischen Kultgemeinde. Hel-
lenisierte Juden und Konservative befehdeten einander.
Antiochus unterstützte die Hellenisierung. 167 ließ er den
Tempel von Jerusalem plündern, verbot Beschneidung, Op-
ferkult und Sabbatheiligung. Er machte aus dem Tempel
ein hellenistisches Zeus-Olympios-Heiligtum. Das löste
einen Aufstand aus: Die Makkabäer-Epoche.

Makkabäer-Aufstand

Die gewaltsame Hellenisierung und die Entweihung des
Tempels lösten den Aufstand aus. Die bedeutsamste geschichtliche Quelle für jenen Zeitraum haben wir im
1. Makkabäerbuch, das etwa um 100 vor Christus abgefaßt
wurde. Der Versuch, aus der jüdischen Stadt Jerusalem
eine griechische Stadt zu machen und die Errichtung eines
heidnischen Altars für Zeus im Tempel (am 6. Dezember
167) waren die Auslöser für den Aufstand. In dem Tyran-
nen Antiochus IV. Epiphanes (175-164) sah man den Ver-
folger der jüdischen Gemeinde, ja die Personifikation des
Bösen schlechthin – so nachlesbar im Buche Daniel: 7, 8.25
und 11, 21.45. Der Glaubenskrieg wurde durch den Priester
Mattathias eröffnet und von seinen Söhnen weitergeführt.
Es gab beachtliche Erfolge: 165 konnte man den Tempel
neu weihen – 142 zog die syrische Besatzung ab. Die Freiheit war für das Judentum nicht von langer Dauer. Das
neue jüdische Reich, das man als Makkabäerreich oder
auch als Hasmonäerreich bezeichnet, fand ein rasches Ende
durch Pompejus, der im Jahre 63 die römische Herrschaft
über Palästina beanspruchte. So war Judäa von 63 vor Chri-

stus bis 70 nach Christus eine römische Provinz, der Provinz Syrien zugeordnet. Das Makkabäerreich ist gekennzeichnet durch eine gesetzliche und nationale Tendenz im Judentum. Hinzu kommen stark apokalyptische Züge, eine starke Jenseitsorientierung, wie sie das mosaische Judentum nicht kannte, und was nicht ausblieb: das Einströmen griechischer Kultur, besonders bei den oberen Schichten. Das führte zu Scheidungen innerhalb des Judentums: Aus der gesetzlichen und nationalistischen Bewegung wurde der Pharisäismus. Die hellenistisch beeinflußten Kreise, die das liberale Element des Judentums darstellten, entwickelten sich zum Sadduzäertum. Aus der apokalyptischen Richtung entstand das Essenertum mit seiner esoterischen Geheimlehre. Ihnen genügte die Gesetzesreligion der Pharisäer nicht – sie mochten auch den griechischen Einfluß bei den liberalen Sadduzäern nicht. Sie zogen sich ins klösterliche Leben von Qumran am Toten Meer zurück. Ihr Einfluß war durch ihre Zurückgezogenheit beschränkt. Von ihrem Schrifttum bekamen wir durch die Funde in den Höhlen am Toten Meer 1947 Kenntnis. Aus jener Zeit der Makkabäer bzw. Hasmonäer stammen die beiden Makkabäerbücher, in denen sich die militärischen und glaubensmäßigen Kämpfe widerspiegeln – in jener Zeit entstanden auch die Schriften von: »Susanna, Bel und dem Drachen zu Babel.«

Makkabäus – der Hammer

Der Priester Mattathias begann den Aufstand. Als er 166 starb, übernahm sein dritter Sohn Judas die Leitung des Aufstandes der Gesetzestreuen und Nationalgesinnten. Weil er wie ein Hammer im Kampfe dreinschlug, bekam er den Beinamen »Makkabäus«. Das hebräische »makkaba«

bedeutet: Hammer. Daher sind die »makkabi« die »Hämmerer« – diese Bezeichnung übernahmen die Aufständischen. Da der Urgroßvater des Mattathias »Asamonaios« hieß, also aus der Familie der »Asmoni« stammt, nennt man die Dynastie der Makkabäer auch »Hasmonäer«. Judas selbst legte wohl mehr Wert auf die Bezeichnung »Makkabäer«. Interessanterweise findet man 2000 Jahre später eine Parallele zu dieser Namensänderung. Der 1879 mit dem Namen Josef Wissarionowitsch Dschugaschwili geborene russische Revolutionär und Diktator legte sich 1922 auch einen anderen Namen zu: »Stalin« (der Stählerne) und seine Anhänger nannten sich »Stalinisten«. Den Unterschied zwischen beiden sollte man allerdings nicht übersehen: Stalin wollte die bürgerliche Ordnung und Tradition vernichten – Judas Makkabäus wollte die Tradition des Judentums und die im göttlichen Gesetz festgelegte Ordnung wieder herstellen. Und er hat es weitgehend geschafft: innerhalb von zwei Jahren war der Tempelkult wieder wie einst. Judas fiel im Kampf im Jahr 160. Seine Brüder setzten den Kampf fort. Dennoch war die Makkabäerzeit die letzte Epoche jüdischer Eigenstaatlichkeit. Im Jahr 63 wurde Palästina zur römischen Provinz. Im Jahr 37 vor Christus wurde das Geschlecht der Makkabäer total durch den Konsul Marc Antonius ausgerottet.

Inhalt

Das 1. Makkabäerbuch umfaßt 16 Kapitel. Nach kurzer Einordnung in die Geschichte der großen Welt, nämlich nach der Erwähnung des Siegeszuges Alexanders des Großen und der Aufteilung des großen Reiches, das Alexander hinterließ, wird dann von den innerjüdischen Problemen berichtet, besonders von dem Kampf des Antiochus IV. Epiphanes gegen die jüdische Religion. Im 2. Kapitel lesen wir von dem Widerstand des Priesters Mattathias. Nach seinem Tod setzt der dritte seiner fünf Söhne, »Judas«, den Kampf fort. Die Kapitel 3-9 berichten von den Kämpfen und Erfolgen des Judas Makkabäus. Nach seinem Tod übernimmt Jonathan die Führung (9-12). In 13-16 wird dann von Simon berichtet. Die Ausleger sind sich in der Beurteilung nicht einig, ob die Kapitel 13-16 einen Anhang aus späterer Zeit darstellen oder nicht, weil Josephus die dortigen Berichte in seinem Geschichtswerk nicht mitverarbeitet hat.

Erfolge

Es war zweifellos ein großer Erfolg, daß der Tempel vom Zeus-Kult befreit wurde und neu geweiht werden konnte – das geschah im Dezember 165 – zur Erinnerung daran begingen die Juden die Kirchweihe. Im Johannes-Evangelium (10, 22) wird daher berichtet: »Es war damals das Fest der Tempelweihe in Jerusalem, und es war Winter.« Es wurde auch erreicht, daß die Juden freie Religionsausübung zugesichert bekamen (6, 55-63). Sogar ein jüdischer Staat konnte wieder gegründet werden: Simon ist Fürst und Hoherpriester zugleich (14, 25-49). Mit dem Jahr 63 waren dann allerdings alle Hoffnungen auf einen selbständigen jüdischen Staat für lange dahin.

Verfasser und Abfassungszeit

Der Text des 1. Makkabäerbuches ist uns nur in der griechischen Sprache überliefert – abgesehen von syrischen Übersetzungen. Wir finden den Text im Kodex Sinaiticus und

Alexandrinus. Trotzdem ist man sich einig darin, daß er ursprünglich hebräisch abgefaßt war. Das wird von Hieronymus bezeugt und durch die Hebraismen des Buches bestätigt. Das zeigen auch die den Psalmen so ähnlichen Klagelieder, die im Text eingestreut sind. Der Verfasser ist uns unbekannt – wahrscheinlich ein Anhänger der Befreiungsbewegung: gesetzestreu und national gesinnt. Die Abfassung des Buches dürfte um 100 vor Christus anzusetzen sein – jedenfalls vor 63 und nach 105 (Hyrkans Tod). Seltsamerweise benutzt der Verfasser für »Gott« die Chiffre »Himmel« als Anpassung an die Zeitsprache. Luther ersetzte mehr als 30mal das Wort »Himmel« durch »Gott«. Charakteristisch für den Verfasser ist seine Liebe zu seinem Volk, seine Freude über die heldenhaften Taten der jüdischen Kämpfer (ohne daß Haßgesänge daraus wurden) und sein Eifer für das Gesetz (ohne daß er in pharisäische Engigkeit verfiel). Aber er schreibt nicht, wie sonst das AT, die kriegerischen Erfolge nur der wunderbaren Hilfe Jahwes zu, sondern sieht sie weithin doch als Ergebnis menschlicher Klugheit und Energie. – Jedenfalls haben wir eine gute Geschichtsquelle für jene Zeit.

Das zweite Buch der Makkabäer

Das zweite Makkabäerbuch ist nicht die Fortsetzung des ersten Buches. Es behandelt vielmehr den gleichen Zeitabschnitt, begrenzt durch die Jahre 175 bis 161 vor Christus. Es ist in griechischer Sprache geschrieben. Der Verfasser ist ein strenggläubiger Jude, der größten Wert auf strenge Einhaltung des Sabbatgebotes legt – selbst in Kampfeszeiten – so 8, 26 und 12, 38. Der Verfasser entstammt dem hellenistischen Diasporajudentum. Über die Entstehungszeit geht die Meinung der Wissenschaftler auseinander. Da die Existenz des Tempels vorausgesetzt wird, muß das Buch zumindest vor dem Jahre 70 nach Christus verfaßt worden sein. Das Buch ist nicht so zuverlässig als Geschichtsquelle wie das erste Makkabäerbuch. Dem Verfasser geht es mehr um Glaubenszeugnis und Erbauung des Lesers. Ein Teil seines Buches muß wohl als Auszug aus dem fünfbändigen Geschichtswerk des Jason von Kyrene betrachtet werden. In Kapitel 2, 24 wird jedenfalls die Abhängigkeit von diesem Geschichtsschreiber sichtbar.

Inhalt

Das zweite Makkabäerbuch beginnt mit zwei Briefen der Jerusalemer Judenschaft an die Glaubensbrüder in Ägypten (1, 1-9 und 1, 10 - 2, 18). In diesen Briefen wird zur jährlichen Feier des Tempelweihfestes aufgefordert und Bezug auf die Berichte in Kapitel 10, 1-9 und 15, 34-37 genommen. Dem Verfasser, der bewußt eine religiös-erzieherische Schrift vorlegt, geht es bei der Empfehlung des Tempelweihfestes und des Siegesfestes über Nikanor um die Betonung der Alleinberechtigung des Jerusalemer Tempels – gegenüber dem von Onias II. gebauten Tempel in Leontopolis in Ägypten. Kapitel 2 (19-32) bringt die Vorgeschichte des Makkabäeraufstandes und die Streitigkeiten innerhalb der Priesterschaft. Kapitel 3 berichtet von Simon und Heliodor. In 4 lesen wir von Onias, Jason und Menelaus. In 6 erfahren wir vom Martyrium Eleasars und in 7 vom Martyrium der Mutter mit den sieben Söhnen. Dann folgt der Bericht über den Makkabäeraufstand, in dessen Mittelpunkt der Bericht über den betenden Kämpfer Judas steht, der das Strafgericht Gottes über den heidnischen König und Tempelschänder vollzieht. Es wird jene Epoche beschrieben, die mit dem Anschlag des Königs Seleukus IV. und seines Ministers Heliodor beginnt und mit dem Sieg des Judas über den syrischen Feldherrn Nikanor endet. Sehr anschaulich werden die Wunder Gottes geschildert (3, 22-30), das Martyrium der treuen Juden (6, 31), die Verehrung des Tempels (10, 1-8) und die Leidensbereitschaft und Auferstehungshoffnung der Frommen. Es ist manches, was berichtet wird, historisch wohl nicht haltbar; dem Verfasser ging es auch weniger um Historie als um Glaubensstärkung seiner Leser. Wissenschaftler bezweifeln die Echtheit der Briefe – auch die Erscheinungsberichte sind wohl unhistorisch (3, 22-26 und 5, 1-3 und 10, 29-31). Trotzdem ist das zweite Makkabäerbuch eine Ergänzung zum ersten Buch. Der Geschichtsschreiber Josephus kannte es nicht – aber der Verfasser des Hebräerbriefes kannte das zweite Makkabäerbuch, wie aus Hebräerbrief 11, 35 hervorgeht.

Vergleich von 1. und 2. Buch

Beide Bücher schildern die gleiche Zeit; das zweite Buch allerdings nur den Ausschnitt von 15 Jahren, nämlich von 175 bis 161. Obwohl beide Verfasser den gleichen Überlieferungsstrang benutzen, weisen ihre Bücher beachtliche Unterschiede auf. Bei Unstimmigkeiten in geschichtlichen Angaben wird man sich zumeist für das erste Makkabäerbuch entscheiden. Unterschiedliche Datierungen erklären sich mit der Verschiedenheit der Kalender (seleukidisch/jüdisch). Das 1. Makkabäerbuch ist ursprünglich in hebräischer Sprache verfaßt (so sah es auch Hieronymus) – das 2. Makkabäerbuch wurde griechisch geschrieben und kann als hellenistische Kunstprosa bezeichnet werden. Das 1. Makkabäerbuch ist von dem danielischen Geschichtsbild der Weltreiche beeinflußt, betont entschieden den Gegensatz zur Heidenwelt und will zur Verherrlichung der Hasmonäerdynastie beitragen (5, 62ff). Das 2. Makkabäerbuch betont auch die Bedeutung des Tempels und sieht die Verpflichtung gegenüber dem Gesetz, aber es spricht vom sühnenden Leiden, von göttlicher Vergeltung; die Jenseitserwartung ist mit Straferwartung verbunden (5, 10 und 9, 6 und 13, 8). Leiden wird als sühnende Strafe gesehen (7, 18 und 7, 32). Leiden dient der Erziehung zum frommen Menschen hin (6, 12 und 7, 33). Leiden ist letztlich Gnade (6, 12-16). Die Botschaft der leiblichen Auferstehung begegnet uns in 7, 11. Auch hören wir von Gebeten für Tote und Opfer zugunsten ihrer Auferstehung (12, 43ff). Außerdem lesen wir von Fürbitten der Toten für die Lebenden (15, 12ff); 7, 28 verkündet die Schöpfung aus dem Nichts. Die Gesetzestreue wird sichtbar an der Betonung von Beschneidung, Sabbat und Speisegeboten (5, 25f und 8, 26f und 15, 2). Die Sonderstellung gegenüber den Heiden wird klar herausgestellt. Die Ursache für die Bedrängnis des Judentums sieht der Verfasser des 2. Makkabäerbuches nicht so stark in dem feindlich gesonnenen Nachbarkönig, sondern in der Schuld des eigenen jüdischen Volkes selber. Daher findet man bei ihm auch weniger eine Glorifizierung der jüdischen Helden; er preist vielmehr das Eingreifen Gottes durch Wunder und Engel.

Noch zwei Makkabäerbücher

Insgesamt gibt es vier Makkabäerbücher. Martin Luther hat nur die ersten zwei übersetzt. Der Codex Vaticanus enthält alle vier. Das 3. Makkabäerbuch befindet sich am Ende der Septuaginta, das 4. Buch finden wir im Codex Alexandrinus. Während das 1. Buch in Palästina entstanden ist und ursprünglich auch in hebräisch abgefaßt wurde, sind die weiteren drei Makkabäerbücher alexandrinischen Ursprungs und auch ursprünglich griechisch abgefaßt. Das 3. Makkabäerbuch gehört nicht mehr in unsere Bibel – es fällt unter die Pseudepigraphen. Es entstand im ersten vorchristlichen Jahrhundert und schildert die Situation des Diasporajudentums jener Zeit. Inhaltlich geht es darum, daß ein gottloser König (Ptolemäus) das Allerheiligste in Jerusalem betreten wollte und von Gott daran durch Lähmung gehindert wurde. Ptolemäus kehrte nach Alexandrien zurück und rächte sich nun an den Juden, nachdem er keinen Erfolg damit hatte, sie zum Abfall von ihrem Glauben zu bewegen. Aber Gott errettete die Glaubenden. – Das 4. Makkabäerbuch dürfte einen größeren geschichtlichen Wert haben als das 3. Buch, dessen dichterischer Stil damit nicht abgewertet werden soll. Im 4. Buch, das vor 70 nach Christus geschrieben sein dürfte, finden wir philosophische Betrachtungen über den Makkabäeraufstand. Wir lesen von dem Martyrium des Eleasar und der Frau des

Mattathias. Das Buch ist ein philosophisch-theologischer Traktat. Die Begriffe sind der Umwelt entnommen, nämlich der derzeitigen Philosophie, der Stoa. Wir lesen von den großen Tugenden: Besonnenheit, Mäßigung und Einsicht: Der rechte Vernunftgebrauch bändigt die sinnlichen Neigungen und hilft zur Anwendung der Tugenden im täglichen Leben. Man kann sagen: In dem 4. Makkabäerbuch geht das Judentum eine Verbindung mit der Stoa ein. Das von Gott offenbarte Gesetz befähigt den menschlichen Geist, nach den vier stoischen Tugenden zu leben: Besonnenheit, Gerechtigkeit, Güte und Tapferkeit. Der Verfasser des Buches ist ein philosophisch gebildeter Jude. Irrtümlich hatte man lange Zeit Josephus für den Verfasser gehalten. Das Buch mag zur Zeit Philos in Alexandrien entstanden sein. Jedenfalls war der Verfasser ein guter Kenner der israelitischen Geschichte, was seine Beispiele aus der Vergangenheit Israels zeigen. Es kommen in seinem Buch, und daher auch in jener Zeit, beim Diasporajudentum drei Momente zusammen: jüdische Gesetzesstrenge, stoische Ethik und hellenistischer Humanismus. Von diesen Ideen war das letzte vorchristliche Jahrhundert in Nordägypten geprägt. Allen vier Makkabäerbüchern ist dies gemeinsam: Ein Tyrann tötet die Gerechten und wird dafür von Gott bestraft. Die Märtyrer, die für ihren Glauben ums Leben kommen, werden nun den sogenannten Vätern des Glaubens zugeordnet. Sie werden vom Volk nicht nur Verehrung empfangen, sie werden als unsterbliche Seelen vor Gott ewig leben. Letztlich läuft in den vier Makkabäerbüchern alles auf die Verherrlichung der Gesetzestreuen hinaus. Aber wohlgemerkt: Nur die ersten beiden Bücher sind in unserer Bibel unter den Apokryphen abgedruckt. Das 3. und das 4. Buch gelten als Pseudepigraphen.

Stücke zum Buch Ester

Das Buch Ester liegt in zwei Fassungen vor: einer hebräischen und einer erweiterten griechischen. Die hebräische Fassung begegnet uns als letztes Buch unter den Geschichtsbüchern des AT. Die später entstandenen Zusätze wurden von den Redakteuren der Septuaginta in den hebräischen Text eingefügt. Bei der Vulgata wurden die Zusätze aber am Ende des Esterbuches zusammengestellt. Martin Luther hat die Zusätze unter die Apokryphen gerechnet und unter die Überschrift gesetzt: »Stücke in Ester« (so in der »Biblia MDXLV«).

In seinem Vorwort zu dem apokryphen Zusatz zum Esterbuch schreibt Luther: »So wir im... Buch Ester nicht haben wollen verdeutschen, denn wir haben solche Kornblumen (weil sie im Hebräischen nicht stehen) ausgerauft. Und doch, daß sie nicht verdürben, hier in sonderliche Gewürzgärtlein oder Beete gesetzt, weil dennoch viel Gutes und sonderlich Lobgesang darin gefunden wird.«

Das kanonische Esterbuch

Es gehört zu den sogenannten fünf »Megillot« (= Rollen, nämlich die alttestamentlichen Buchrollen: Hoheslied, Rut, Prediger, Klagelieder, Ester – jeweils einem jüdischen Fest zugeordnet). Ester wurde zum Purimfest verlesen. Es ist eine spannungsreiche Erzählung – man hat dieses Buch als »historischen Roman« bezeichnet. Es wird berichtet, daß zwei Juden im persischen Reich zu Aufstieg und Ansehen gelangen: Die schöne Ester, die zur Hauptfrau des persischen Königs Xerxes aufsteigt, nachdem die bisherige Frau Wasthi verstoßen war – und Esters Pflegevater Mardechai. Der Minister und königliche Günstling Haman erstrebt die Ausrottung der Juden in Persien. Ester bittet für die Juden, entlarvt den Plan Hamans, erreicht die Hinrichtung des Günstlings und die Erlaubnis zur Rache an den feindlich gesonnenen Persern. Der Tag der Rache wird nun als Purimfest gefeiert. 75 000 Perser wurden dabei von den Juden mit königlicher Erlaubnis umgebracht. Man hat lange um die Aufnahme des Ester-Buches in den alttestamentlichen Kanon gestritten, weil man die religiöse Aussage des Buches als zu mager empfand. Schließlich ist die Ermordung von 75 000 Persern auch kein Ruhmesblatt in der Geschichte des Judentums. Dennoch wurde das Buch gern gelesen – Ester war die »schöne Retterin« ihres Volkes.

Zusätze

Die Tatsache, daß dem Esterbuch weithin der religiöse Akzent fehlt, ja daß der Name Gottes nicht einmal erwähnt wird, dürfte wohl der Grund sein, daß man durch Zusätze diesem Mangel abhelfen wollte. Auch wesentlich später wucherte noch die Legendenbildung um die schöne Ester. Gegenüber dem hebräischen Text sind in der Septuaginta etliche Stücke hinzugefügt, jeweils als Vorspann oder Einschub: Vor das erste Kapitel im Esterbuch wurde der Traum Mardechais von der wunderbaren Errettung seines Volkes gestellt. Nach 3, 13 des Esterbuches wurde das erste Edikt des Königs, die Ausrottung der Juden betreffend, eingeschoben. Nach Esterbuch 4, 17 werden Gebete der Ester und des Mardechai eingefügt. Darin geht es natürlich um die Errettung des jüdischen Volkes. Statt 5, 1-2 lesen wir vom Empfang Esters beim König. Statt 8, 13 erscheint das zweite Edikt des Königs im Wortlaut und zwar als Widerruf des ersten Edikts. In 10, 3 erfahren wir die Traumdeutung Mardechais. Schließlich als letzten Zusatz sehen wir das Datum der Überbringung der griechischen Übersetzung des Esterbuches nach Ägypten. Diese Zusätze sind im masoretischen (also hebräischen) AT-Text nicht enthalten. Aber die Septuaginta hat sie in den Text eingefügt. Der Grund dafür ist einsehbar: Die Gebete machen das Buch zu einer Schrift mit religiöser Aussage. Die im Wortlaut wiedergegebenen Edikte erhöhen die Glaubwürdigkeit des Erzählten. Die romanhaften Ausmalungen sind ein Zugeständnis an den hellenistischen Zeitgeschmack, so der Traum und die Deutung, die Verschwörung und die Audienz beim König.

Erweiternde Ausschmückung

Der Inhalt des kanonischen Esterbuches dürfte weithin unhistorisch sein. Das verraten so manche Ungenauigkeiten. Mardechai müßte danach 120 Jahre alt gewesen sein. Eine Königin Wasthi ist in der persischen Geschichte nicht auffindbar. Äußerst unwahrscheinlich ist auch, daß ein persischer König den Juden die Erlaubnis gibt, 75 000 Perser abzuschlachten. Es gibt in den persischen Archiven auch keine Notiz über eine Königin namens Ester. Dennoch steckt sicherlich ein historischer Kern hinter der Erzählung – irgendeine Erinnerung an eine abgewehrte Verfolgung der Juden im Perserreich. Aber ganz eindeutig läuft die Erzählung des Buches auf die Begründung des Purimfestes hinaus. Es gab schon Gründe genug dafür, die Erzählung des Esterbuches noch weiter auszuschmücken. Gerade in

Zeiten der Bedrückung, wo das Nationalgefühl durch fremde Herrscher verletzt wurde, war das Esterbuch Trost und Hoffnung zugleich, nämlich Hoffnung auf erneute Errettung. Das Buch wurde daher eifrig gelesen und gern ausgeschmückt – so eben durch Zusätze und Einschübe. Sicherlich spielt die Fabuliersucht dabei auch eine Rolle. Es sollte gerade durch die Zusätze deutlich werden, daß Gott alles so gewollt hat (daher die Gebete eingefügt), daß alles geschichtlich echt ist (daher die wortwörtlichen Edikte). Schließlich sollte die schöne Ester (etwas Erotik klingt dabei mit an) als fromme, gesetzestreue, jüdische Frau verherrlicht werden. Der Traum und die Traumdeutung rücken das gesamte Geschehen in eine eschatologische Dimension. Wie erwähnt: Hieronymus sah schon damals, daß die Zusätze später entstanden waren. Er setzte sie an den Schluß des kanonischen Esterbuches. Martin Luther stellte sie zu sieben Kapiteln zusammen und ordnete sie den Apokryphen zu.

Verfasser und Abfassungszeit

Als Verfasser der Zusätze wird ein gewisser Lysimachus am Ende des 7. Kapitels genannt – wahrscheinlich ein Jerusalemer Jude. Die Zusätze zum kanonischen Esterbuch entnahm er entweder der mündlich tradierten Esterlegende oder einer schriftlichen Legendensammlung, die sich um Ester rankte. Es steht fest, daß das originale Esterbuch in hebräischer Sprache verfaßt und dann ins Griechische übersetzt wurde. Ein hebräisches Original für die Zusätze hält man für unwahrscheinlich. Offen bleibt die Frage, ob die Zusätze gleich in die griechische Übersetzung aufgenommen oder erst später hinzugefügt wurden. – Die Zeit der Entstehung der Zusätze und ihre Überbringung nach Ägypten ist nicht leicht auszumachen. Es gibt vier Ptolemäer, die mit einer Kleopatra verheiratet waren. Man schwankt daher bei der Zeitangabe zwischen 114 und 48 vor Christus, jeweils ob man Ptolemäus VIII. oder den XIV. annehmen muß. Mehr gibt die Zeitangabe am Ende des siebten Kapitels nicht her, wo es heißt »im vierten Jahr des Königs Ptolemäus und der Kleopatra«. Jedenfalls kannte Origenes bereits das griechische Esterbuch mit den Zusätzen und hielt es für kanonisch. Origenes lebte von 185 bis 254. Aus einem Brief an Julius Africanus geht hervor, daß er das griechische Esterbuch kannte. Aber schon vorher lebte der Geschichtsschreiber Flavius Josephus, geboren um 37/8 nach Christus, und er kannte bereits die Zusätze zum Esterbuch. Man darf daher annehmen, daß die Zusätze zum Esterbuch im ersten vorchristlichen Jahrhundert entstanden sind und nach Ägypten gelangten.

Gebete aus dem 2. und 3. Kapitel

Mardechai betet: »Herr, du bist der allmächtige König – es steht alles in deiner Macht, und deinem Willen kann niemand widerstehen ... Du hast Himmel und Erde gemacht und alles, was unter dem Himmel ist. Du bist der Herr über alle, und niemand kann deiner Herrlichkeit widerstehen. Du weißt alle Dinge. Nun Herr, Gott, König, Gott Abrahams, erbarme dich über dein Volk! Denn unsere Feinde wollen uns vertilgen und dein Erbe ausrotten, das von Anfang an dir gehört hat. Verachte dein Eigentum nicht, das du dir aus Ägypten erlöst hast. Erhöre mein Gebet und sei deinem Erbteil gnädig und verwandle unser Trauern in Freude ...« Ester betete, nachdem sie Trauerkleider angezogen hatte, Asche und Staub auf ihr Haupt warf und fastete: »Du mein Herr, der du allein unser König

bist, hilf mir, denn ich bin allein und habe keinen anderen
Helfer als dich . . . ich habe von meinem Vater gehört, daß
du, Herr, Israel von allen Heiden abgesondert hast . . . Wir
haben vor dir gesündigt, darum hast du uns in die Hände
unserer Feinde gegeben, weil wir ihre Götter geehrt haben.
Herr, du bist gerecht! . . . Denk an uns, Herr, und zeige
dich in unserer Not und gib mir Mut. Lehre mich, wie ich
recht reden soll vor dem Löwen und verwandle sein
Herz . . . Errette mich durch deine Hand und hilf mir; denn
ich habe keine andere Hilfe als dich, Herr, allein, der du alle
Dinge weißt . . . Errette uns aus der Hand der Gottlosen
und befreie mich aus meinen Ängsten. « Diese Gebete wurden zum jährlichen Purimfest wieder gebetet.

Stücke zum Buch Daniel

Die Geschichte von Susanna und Daniel

An vorletzter Stelle unter den Apokryphen stehen die »Stücke zum Buch Daniel«. Mit diesen »Stücken« sind gemeint: »Die Geschichte von Susanna und Daniel«, »Vom Bel zu Babel«, »Vom Drachen zu Babel«, »Das Gebet Asarjas« und »Der Gesang der drei Männer im Feuerofen«. Martin Luther schreibt in der kleinen Vorrede zu den fünf Schriften in seiner bei Hans Lufft/Wittenberg gedruckten Gesamtbibelausgabe letzter Hand: sie seien »schönen geistlichen Gedichten gleich wie Judith und Tobias«.

Danielbuch hoch geschätzt

Man wird davon ausgehen müssen, daß das kanonische Danielbuch hoch eingeschätzt wurde, zumal in der Verfolgungszeit, als Antiochus IV. die jüdische Gemeinde verfolgte. Da tat das Buch seine Wirkung: es schuf Geduld, Hoffnung und Mut zum Durchhalten. Gleichzeitig rief es zur Glaubenstreue in schwerer Zeit auf. Später haben christliche Gemeinden sich in der Verfolgungszeit mit dem Lesen des Danielbuches gestärkt. Die Wirkung reicht bis in die Gegenwart, allerdings nicht so sehr bei christlichen Kirchen, aber bei den Adventisten und den Zeugen Jehovas. Vielleicht liegt hier die Erklärung dafür, daß man sich mit der Lektüre des Danielbuches nicht begnügte, sondern dem Buch gern Zusätze hinzufügte. Jedenfalls begnügten sich die Alexandriner nicht mit dem Übersetzen des Danielbuches ins Griechische, sondern versahen dies Buch mit Hinzufügungen. Schon im Talmud wird Daniel als der »weiseste aller Weisen« angesehen: »Wenn alle Weisen der Heiden in eine Waagschale gelegt werden und Daniel in die andere, so würde letzterer die ersten überwiegen.«

Zwei Überlieferungsstränge

Das Danielbuch und die fünf Stücke zu Daniel kommen auf zwei Wegen zu uns: einmal durch die Septuaginta – zum anderen durch die Übersetzung von Theodotion, die allerdings teilweise recht erheblich von dem Septuagintatext abweicht. Die Zusätze sind unterschiedlich dem Danielbuche zugeordnet. In der Septuaginta wurde die Erzählung von der Susanna dem Danielbuch vorangestellt, um dem jugendlich geschilderten Daniel im Gesamtduktus des Buches gerecht zu werden. Andere Stücke wurden eingeschoben, beziehungsweise angeschlossen. Allgemein muß man wohl feststellen, daß die Stücke zum Buche Daniel mit dem Buch als solchem herzlich wenig zu tun haben – lediglich der Name »Daniel« ist das verbindende Moment. Die Anordnung dieser Zusätze hat die Vulgata von Theodotion und Luther von der Vulgata übernommen. So wurden sie in die Apokryphen eingereiht.

Inhalt der Susanna-Schrift

Es wird erzählt, daß zwei jüdische Älteste die Ehefrau eines gewissen Jojakim, die schöne Susanna, in unzüchtiger Weise begehrten. Sie hatten aber keinen Erfolg – sie war ihnen nicht zu Willen. Das veranlaßte sie zu verleumderischer Klage – sie drehten einfach den Tatbestand um und klagten sie wegen Ehebruchs mit einem jungen Manne an. Die geilen Ältesten versuchten, als sie gerade baden wollte, sie zu erpressen. Wegen Ehebruchs wurde nun Susanna zum Tode verurteilt. Der Schein sprach ja gegen die Frau. Alle Unschuldsbeteuerungen nützten ihr nicht. Sie konnte nur noch zu Gott beten und um Hilfe bitten. Gott erhörte das Gebet und sandte ihr zu Hilfe den jungen weisen Daniel, dessen Name übersetzt besagt: Gott ist mein Richter. Dieser junge Daniel weist den beiden Ältesten in getrennten Verhören ihre Verlogenheit nach. So wird Susanna gerettet, und die zwei Ältesten werden mit dem Tode bestraft. Der Todesengel vollzieht das Gericht an ihnen. Die Susanna-Erzählung liefert einen erneuten Beweis dafür, daß der weise Daniel klug ist und daß ihm »nichts verborgen« ist, wie wir schon bei Hesekiel 28, 3 lesen.

Beurteilung der Schrift

Baumgartner hat in seiner Untersuchung dieser Susanna-Schrift gezeigt, daß hier außerjüdische Märchenmotive eingeflossen sind – nach dem Schema: Unschuldige, schöne Frau – Verleumdung – junger weiser Richter. Dieses Motiv wurde auf Daniel zugeschnitten und »jüdisch eingefärbt«. Durch die Verwendung des Namens Daniel wurde das Ganze als »geschichtlich« ausgegeben. Auch Eisfeldt meint, daß hier zunächst zwei ganz profane Motive vorliegen: Unschuldige verleumdete Frau/junger weiser Richter. Die Motive wurden »judaisiert« und auf Daniel übertragen. Eigentlich hat die Susanna-Erzählung mit dem Danielbuch nichts zu tun. Da liegen ganz verschiedene Inhalte vor. Im Danielbuch geht es um Glaubenstreue angesichts heidnischer Verfolgung des Judentums, und in der Susanna-Erzählung geht es um eine verleumdete Frau und einen weisen Richter. Als diese Erzählung entstand, liebte man die allegorische Auslegung und verglich gern die Verleumdung der Susanna mit der Verleumdung und Verfolgung der jüdischen und später auch der christlichen Gemeinden. Nicht zuletzt sollte die Susanna-Erzählung gewissermaßen nur ein ausschmückender Zusatz zum Danielbuch sein.

Warum zum Buche Daniel?

Hier dürften mehrere Gründe vorliegen. Es sollten weitere Erzählungen dem Buche Daniel im Stil von Kapitel 1-6 hinzugefügt werden, wonach in Daniel ein gottesfürchtiger Weiser und gerechter Richter zu sehen ist. Zum anderen hatte Daniel viel Verständnis für schuldlos Leidende, da er nach 1. Makkabäer 2, 60 selbst vor Löwen gerettet worden war. Er hatte daher ein Herz für Schuldlose, die verleumdet wurden. Vielleicht wollten die Erzähler der Susannageschichte die Zügellosigkeit in der jüdischen Diaspora, in Babylonien, später auch in Ägypten, damit anklagen. Schon Jeremia schrieb: 29, 23: »daß ... die Weggeführten aus Juda ... Ehebruch trieben mit den Frauen ihrer Nächsten und ... Lüge predigten ...« Es wird in der Susanna-Erzählung betont gesagt, daß es zwei Älteste der Juden waren. Hier sollte sicher deren Zuchtlosigkeit besonders gegeißelt werden. Vielleicht ist noch ein Gesichtspunkt zu beachten: Im fünften Buch Mose (17, 6) lesen wir: »Auf zweier oder dreier Zeugen Mund soll sterben, wer des Todes schuldig ist.« Zu welchen Ungerechtigkeiten dies führen kann, wird hier sichtbar. Man sagt, daß die Pharisäer in jener Zeit eine Reform des Gesetzes angestrebt hätten und daß der Verfasser der Susanna-Erzählung diese Reformbestrebung vielleicht unterstützen wollte. Zusammenfassend wird man sagen können, daß hier mehrere Motive zusammenkommen, die man der Erzählung beim ersten Durchlesen nicht ansieht.

Die Verfasserfrage

Es kann weder über die Verfasserschaft noch über die Entstehungszeit noch über die Sprache des Originals der Susanna-Erzählung Endgültiges gesagt werden. Es ist möglich, daß ein Pharisäer der Gesetzesreformbewegung dahintersteht. Er müßte dann wohl in Jerusalem die Schrift im ersten vorchristlichen Jahrhundert verfaßt haben – und dann wohl in hebräischer Sprache. Dagegen spricht ein Wortspiel, das nur in der griechischen Sprache verständlich ist (in Kapitel 1, 54). Aber es könnte sich auch um ein ursprünglich in hebräischer Sprache geschriebenes Wortspiel handeln, das in der griechischen Übersetzung wiederum zu einem Wortspiel gestaltet wurde, denn Luther hat dies bei der Übersetzung in die deutsche Sprache nochmals vollzogen. Luther macht aus dem Marixbaum eine Linde und reimt: ».. . unter einer Linden – der Engel des Herrn wird dich finden.« Allerdings spricht die Auseinandersetzung des Julius Africanus mit Origenes dafür, daß die Daniel-Zusätze in griechischer Sprache abgefaßt wurden. Wir können daher nur feststellen: Sowohl der Verfasser der Susanna-Erzählung, als auch der Zeitpunkt der Abfassung der Schrift, als auch die Originalsprache sind uns nicht bekannt. Die Susanna-Erzählung besteht nur aus einem Kapitel mit 64 Versen; sie ist also nicht unterteilt, sondern als geschlossene Erzählung überliefert. Ob eine wirkliche Geschichte der Erzählung zugrunde liegt, kann weder bejaht noch verneint werden. Selbst wenn man jeglichen geschichtlichen Hintergrund verneint, hat diese Erzählung doch ihre Aussagekraft und somit ihre Bedeutung. Lediglich dadurch, daß sie dem weisen Daniel gewidmet ist, kam sie in die Bibel und blieb der Nachwelt erhalten. Ganz gewiß sollten die Weisheit und der Gerechtigkeitssinn Daniels gepriesen werden. Der einst unschuldig Mißhandelte hat ein Herz für Verleumdete. Zum anderen wird die Gläubigkeit Susannas in ihrem Gebet gezeigt in Vers 23: »Ich will lieber unschuldig leiden, als gegen den Herrn sündigen.« Vers 42: »Herr, ewiger Gott, der du alle Heimlichkeiten kennst und alle Dinge zuvor weißt, ehe sie geschehen, du weißt, daß diese mich zu Unrecht beschuldigt haben . . .« Und schließlich darf man wohl auf die pädagogische Absicht der Susanna-Erzählung hinweisen: Das ist echte Kritik an der Zuchtlosigkeit der jüdischen Diaspora – bis hinauf in die Kreise der Ältesten der Gemeinde. Es soll wohl auch Susanna als Vorbild hingestellt werden gegenüber der Sittenlosigkeit der Jüdinnen zu jener Zeit. Und schließlich: Wer betet, darf wissen, daß er erhört wird. Es sei noch darauf hingewiesen, daß Maler wie Rubens und Rembrandt die Szene darstellten und Händel 1749 das Oratorium »Susanna« schuf.

Vom Bel zu Babel

Der Inhalt ist schnell wiedergegeben: Im Tempel des Bel wurden täglich Opfergaben, besonders Speiseopfer, dargebracht. Der König und das Volk glaubten, daß Bel diese Speisen verzehren würde. Daniel deckte den Betrug der 70 Bel-Priester auf, die durch einen unterirdischen Gang unter den Opferaltar gelangten und die Speisen für sich und ihre Familien abräumten. Daniel verwendete dazu einen Trick: Zur Spurensicherung streute er Asche aus. Der betrogene und enttäuschte König ließ die Priester töten. Daniel durfte das tönerne Götzenbild des Bel und den Tempel zerstören. – In dieser Erzählung begegnet uns der babylonische Götterkult mit seinem Speiseritual, aber auch das Märchenmotiv vom Aschestreuen. Der Sinn der Erzählung, die ja dem Danielbuch zugedacht ist, ist folgender: Daniels Frömmigkeit und Weisheit sollen gepriesen werden – die Machtlosigkeit der ehernen und erzenen Götzenbilder soll gezeigt werden – es soll sichtbar gemacht werden, daß heidnischer Götzendienst auf Irrtum beruht – und nicht zuletzt geht es darum, einen Lobpreis auf den lebendigen Gott Israels auszusprechen.

Vom Drachen zu Babel

Auch diese Erzählung rankt sich um die Gestalt Daniels, wenngleich sie dem Bereich der Habakuk-Legenden entnommen ist. Die babylonische Drachensage spielt ebenfalls mit hinein. Der Inhalt: Daniel tötet mit königlicher Erlaubnis den lebenden Drachen, ohne Waffe, indem er ihm einen Fladen aus Pech, Fett und Haaren ins Maul wirft. Als aber eine Empörung im Volk gegen den König entsteht, schon wegen der Zerstörung des Bel-Tempels, und nun auch noch wegen der Tötung des Drachens, da gibt der König den weisen Daniel preis und läßt ihn in die Löwengrube zu sieben hungrigen Löwen werfen. Gott aber hat seinen Daniel nicht vergessen. Er schickt den Propheten Habakuk – ein Engel übernimmt seinen Transport nach

Babel – Habakuk bringt Daniel eine Speise, die für die Schnitter vorgesehen war, damit dieser nicht verhungern sollte. Als der König nach sieben Tagen kommt, um den Tod Daniels zu beklagen, findet er Daniel und die sieben Löwen friedlich beieinander. Daraufhin läßt der König die Feinde Daniels in die Löwengrube werfen. Sinn der Erzählung: Gott vergißt keinen – kein Grund zur Angst, und wenn die Welt voll Drachen wäre – Daniel ist ein Mann Gottes, glaubensvoll, gesetzestreu und konsequent – selbst ein heidnischer König kann von der Größe und Macht Gottes überzeugt werden.

Das Gebet Asarjas

Das dritte Kapitel der »Stücke zu Daniel« bildet das Gebet Asarjas. Auch hier ist der Verfasser unbekannt. Irgendjemand hatte die Empfindung, daß eine Textlücke hinter Daniel 3, 23 mit einem Zusatz versehen werden müßte. Derjenige meinte, daß ein Gebet eingeschoben werden sollte, zumal der heidnische König sogar gebetet hat. Daher fügte der Unbekannte ein Gebet hinzu: Ein Volksklagelied in der Wir-Form, das aus der religiösen Tradition Israels übernommen, aber hier nun an eine völlig unpassende Stelle gesetzt wurde, denn es beinhaltet das Bekenntnis der Gesetzesübertretung. Aber Asarja und den Freunden wird ja gerade umgekehrt ihre Gesetzestreue vorgehalten und vorgeworfen. Wegen ihrer Treue zum jüdischen Gesetz wirft sie der König Nebukadnezar in den Feuerofen. Das Gebet nun, das Volksklagelied, dürfte in der Zeit der Bedrückung Israels unter Antiochus IV. Epiphanes, also in der Mitte des zweiten vorchristlichen Jahrhunderts, entstanden sein.

Der Gesang der drei Männer im Feuerofen

Dieser Gesang beschließt das dritte Kapitel der »Stücke zu Daniel«. Es handelt sich um ein Danklied. Der Hymnus hat viel Ähnlichkeit mit etlichen Psalmen, besonders mit dem 148. Psalm. Es handelt sich hier wahrscheinlich um die griechische Übersetzung eines hebräischen Originals. Über das Alter können die Wissenschaftler keine Auskunft geben. Aber es lohnt sich, diesen Hymnus zu lesen. Er ist eine Bereicherung unserer Bibel – ein paar Proben aus diesem Gesang lassen die tiefe Gläubigkeit erkennen: »Gelobt seist du Herr, du Gott unserer Väter, und sollst gepriesen und hoch gerühmt werden ewiglich – lobt den Herrn, alle seine Werke und preist und rühmt ihn ewiglich – danket dem Herrn, denn er ist freundlich, und seine Güte währet ewiglich. Alle, die den Herrn fürchten, lobt den Gott aller Götter, preist ihn und rühmt, daß seine Güte ewiglich währt.« Nachdem Himmel und Erde, Wasser und Winde, Eis und Frost, Tag und Nacht, Licht und Finsternis in hymnischem Stil zum Lobe Gottes aufgerufen worden sind, werden nun auch die Menschen, Israel, die Priester und die Knechte des Herrn zum Lobe aufgefordert. Dann wendet der Lobsänger sich an die »Geister und Seelen der Gerechten«, woraus man wohl schließen kann, daß das Spätjudentum bereits eine Auferstehungshoffnung besaß, denn es wird ansonsten im Psalter betont, mit dem Tod sei alles aus: »Die Toten werden dich, Herr, nicht loben – keiner, der hinunterfährt in die Stille . . .« (Psalm 115, 17).

Das Gebet Manasses

Am Ende der alttestamentlichen Apokryphen befindet sich »das Gebet Manasses«, bestehend aus 16 Versen. Zum ersten Mal wird es in der sogenannten Apostolischen Kirchenordnung des 3. Jahrhunderts erwähnt. Wir finden es im Codex Alexandrinus, aber nur in wenigen Handschriften der Septuaginta aus dem 5. bis 10. Jahrhundert. Die Vulgata plazierte das Gebet hinter 2. Chronik, während die griechischen Handschriften und die Zürcher Psalmenhandschrift (Psalterium Turicense) das Gebet Manasses unter eine Oden-Sammlung einordnen und hinter dem Psalter plazieren. Martin Luther hat das Gebet an das Ende der Apokryphen gestellt. Er hat es sehr geschätzt und in seinem Büchlein »Von der Beichte« 1519 wiedergegeben. Die Zuordnung des Gebetes zu den Chronikbüchern war schon irgendwie sinnvoll, denn dort wird vom König Manasse berichtet, ja es wird sogar ein Gebet Manasses erwähnt. König Manasse, Sohn von Hiskia, regierte 55 Jahre über Juda als Vasall Assurs. Mit 12 Jahren wurde er schon Mitregent. Er starb 642 vor Christus. Im Chronikbuch heißt es über ihn: Er »tat, was dem Herrn mißfiel«. Er ließ Baals-Altäre bauen, Aschera-Bilder aufstellen, trieb Zauberei. Während seiner Gefangenschaft in Babel demütigte er sich vor dem Gott seiner Väter und stellte, zurückgekehrt aus der Gefangenschaft, die heidnischen Mißbräuche wieder ab. In Vers 18 von 2. Chronik 33 wird auf sein Bußgebet hingewiesen.

Inhalt des Gebetes

Vers 1-8: breit angelegte Anrufung Gottes als des Schöpfers, Allmächtigen, Zürnenden und doch Barmherzigen und als Gott der Väter. Vers 8-12: Manasses Sündenbekenntnis. Vers 13: Bitte um Vergebung. Vers 14: Vertrauen auf Erhörung der Bitte. Vers 15/6: Dank an Gott.

Verfasser und Zeit

Hier ist alles unbekannt. Das Gebet ist ganz gewiß jüdischen Ursprungs. Daher kann die Urschrift auch hebräisch gewesen sein. Manche Wissenschaftler meinen, es könnte eventuell auch erst in nachchristlicher Zeit entstanden sein. Andere vermuten die Makkabäerzeit, um die Zeitgenossen von der Notwendigkeit der Buße zu überzeugen, wo doch Manasse durch seine Buße die Befreiung aus seiner Not gewährt bekam. Lediglich der 8. Vers des Gebetes enthält einen unbiblischen Gedanken, denn welcher Jude kann annehmen, daß Jakob nicht gesündigt habe? Während aber das Asarja-Gebet und der Gesang der drei Männer im Feuerofen vorhandene Psalmworte übernahmen oder umgestalteten, ist das Gebet Manasses eigens für die Situation, wie sie im 2. Chronikbuch beschrieben ist, geschaffen.

Bußgebet

»Ich aber habe gesündigt, und meine Sünden sind zahlreicher als der Sand am Meer ... weil ich deinen Zorn erweckt und viel Böses vor dir getan habe ... nun aber beuge ich die Knie meines Herzens und bitt' dich, Herr, um Gnade ...

Laß mich nicht in meinen Sünden verderben . . . du wollest mir Unwürdigem helfen nach deiner großen Barmherzigkeit. So will ich mein Leben lang dich loben. Denn dich lobt das ganze Himmelsheer, ja, dich soll man preisen immer und ewiglich. Amen. «

Nachwort

Zusammenfassend möchte ich wiederholen: Die Apokryphen sind unterschiedlicher Natur. Wir haben darunter Geschichtsbücher wie die beiden Makkabäerbücher – Lehrschriften wie Jesus Sirach und Weisheit Salomos – prophetische Nachformungen wie Baruch und Brief Jeremias – seelsorgerliche Erzählungen wie Judit und Tobias – Gebete wie das Manasses und Zusätze zu kanonischen Büchern, zu Ester und Daniel. Religionsgeschichtlich sind sie ungemein interessant, weil sie uns über das Judentum zwischen 200 vor und 100 nach Christus Aufschluß geben: über die spätjüdische Gesetzlichkeit, die Auferstehungshoffnung, über Engelsvorstellungen, über das Sündenbewußtsein und das Verhältnis des Spätjudentums zum Heidentum. Die Apokryphen zeigen uns auch, wie stark die Einflüsse der das Judentum umgebenden Umwelt waren. Wir denken dabei an den Hellenismus, die Gnosis, die vorderorientalischen Mysterienreligionen, die esoterischen Geheimschriften – also die Einflüsse aus Persien, Babylonien, Ägypten und Griechenland. Wir bekommen durch die Apokryphen einen Einblick gerade in die Übergangszeit vom AT zum NT. Wir spüren das stark anwachsende nationale Erwählungsbewußtsein des Spätjudentums und angesichts der Betonung der Gesetzesfrömmigkeit etwas davon, daß die Apokryphen besonders im Pharisäismus beheimatet waren. Es steht ferner außer Frage, daß die apokryphen Schriften weithin, wie ja auch das AT, zur Literatur der ersten Christenheit gehörten und fleißig gelesen und benutzt wurden, denn die Entstehung des NT bedurfte doch mindestens eines Jahrhunderts, wenngleich mündliche Tradition die alttestamentliche Lektüre langsam ablöste. Trotz aller nationalen Erwählungsgewißheit läßt sich ein kosmopolitischer Zug in der apokryphen Literatur nicht übersehen: die Grenze zwischen Judentum und Heidentum wird durchlässiger – bei aller Behauptung des rein monotheistischen Gottesbegriffes und der jüdischen Kultgesetze wie auch Speisegesetze.

Anhand der Plazierung der alttestamentlichen Apokryphen läßt sich auch ablesen, wie unterschiedlich ihre Bewertung in der Geschichte der Kirche ausfiel. Wie beschrieben: Apokryphen sind jene Schriften, die die lateinische und griechische Bibel zusätzlich aufweisen und die in der hebräischen Bibel keine Aufnahme fanden. Zunächst war sogar der Begriff »apokryph« abwertend gemeint. Hieronymus war es, der den Begriff versachlichte. Das palästinensische Judentum nahm die apokryphen Schriften in den alttestamentlichen Kanon trotz ihrer Beliebtheit nicht auf, obwohl sie auch in hohem Ansehen standen. Man nahm grundsätzlich nach-prophetische Schriften in den abzuschließenden Kanon nicht auf. Das griechische Judentum hingegen, also die hellenistische Synagoge in Alexandrien, übernahm die Apokryphen gern und plazierte sie recht unterschiedlich. Hinzu kam, daß die Apokryphen ohnehin in griechischer Sprache geschrieben waren oder in griechischer Übersetzung nach Alexandrien gelangten. Kirchenväter wie Irenäus oder Tertullian hatten bisweilen ein recht abwertendes Urteil über die Apokryphen. Das katholische Konzil von Trient (1546) nahm die Apokryphen in den biblischen Kanon auf; die reformierte Kirche Calvins lehnt sie völlig ab, weil sie nicht im hebräischen Kanon stehen. Martin Luther gewährte ihnen ein geringeres Ansehen als den kanonischen Schriften des AT. Vielleicht darf noch auf die Quellen hingewiesen werden, in denen uns hauptsächlich die alttestamentlichen Apokryphen begegnen: Da ist zunächst der um 350 nach Christus entstandene Codex Sinaiticus zu nennen, der von dem Gelehrten C. von Tischendorf 1844 und 1859 im Sinaikloster gefunden wurde. Dieser Codex enthält Zusätze zu dem Buch Ester, Tobias, Judit, das erste Makkabäerbuch, die Weisheit Salomos und das Buch Jesus Sirach. – Etwa gleichzeitig entstand der Codex Vaticanus, nach seinem Aufbewahrungsort benannt. In ihm finden wir alle in die Lutherbibel aufgenommenen Apokryphen, mit Ausnahme der Makkabäerbücher und des Gebetes Manasses. Schließlich sei als dritte Quelle noch der Codex Alexandrinus, der um 420 in Ägypten entstanden ist, erwähnt, der alle in der Lutherbibel wiedergegebenen Apokryphen enthält, zusätzlich noch ein 3. Esra-Buch und das 4. Makkabäerbuch.

Zeittafel für Palästina

Marginaltexte

Folgende Texte aus den Apokryphen des AT werden als Marginaltexte vorgeschlagen. Unter »marginal« versteht man: randständig – es kann sozusagen »am Rand« mit darüber gepredigt werden. Die Aufzeichnung der Marginaltexte kann wohl als theologisches Resümee der Apokryphen angesehen werden.

Bibelstelle	Tag

Weisheit Salomos

3, 1-5	Entschlafene
5, 15-17	Letzter Sonntag
6, 13-17	Sexagesimae
7, 26	Letzt. n. Epiphanias
15, 1-3	1. n. Trinitatis

Tobias

2, 13-18	Entschlafene
3, 14-15.21-23	3. n. Trinitatis
4, 6-9	21. n. Trinitatis
13, 1-5.8	Cantate

Jesus Sirach

1, 1-10	Trinitatis
1, 11-16a	18. n. Trinitatis

11, 14-19	Erntedank
17, 16-24	Vorletzter Sonntag
18, 7-14	Misericordias Domini
28, 1-9	22. n. Trinitatis
30, 22-25	15. n. Trinitatis
34, 28-31	Rogate
36, 14-19	10. n. Trinitatis
41, 1-7	1. n. Trinitatis
50, 24-26	14. n. Trinitatis
51, 18-23.31-35	2. n. dem Christfest

Baruch

5, 5-9	3. Advent

Stücke zu Daniel

3 in Auswahl	Altjahrsabend
3, 34-38	Michaelis

Gebet Manasses

1-6	6. n. Trinitatis

Erläuterungen zu Namen und Fachausdrücken

Allegorese
(griech.) »anders geredet«. Methode, mittels derer einem Wort ein anderer Sinn beigelegt wird.

Ambrosius
Bischof von Mailand 374-397 – Er lebte von 333 bis 397. Man schreibt ihm den »Ambrosianischen Lobgesang« zu: Te Deum laudamus – im Wechsel zu singen.

Apologie
Verteidigungsschrift.

Apokalypse
(griech.) Enthüllung – Offenbarung, Schilderung vom Ende der Welt und der Vollendung.

Apokryph
(griech.) verborgen, heimlich. Im Gottesdienst nicht verwendet, obwohl frühen Ursprungs.

Augustinus
*13. November 354 in Thagaste/Numidien. Er war Berber. Bedeutendster Kirchenlehrer der alten Kirche. Schriften (u.a.): »Bekenntnisse«, »Vom Gottesstaat«. Er starb am 28. August 430 als Bischof von Hippo während der Belagerung durch die Vandalen.

AT
Altes Testament.

Bel
Sonnen- und Regengott der kanaanäischen Urbevölkerung.

Canon Muratori
Der katholische Theologe Muratori entdeckte das Fragment eines lateinischen neutestamentlichen Verzeichnisses und veröffentlichte es 1740. Ein unbekannter Verfasser, der der Römischen Gemeinde nahestand, hat das Verzeichnis zusammengestellt – etwa im 2. Jahrhundert.

Clemens von Alexandrien
auch »Alexandrinus« genannt. Sein Denksystem ist eine Mischung von hellenistischer Metaphysik und Ethik, Gnosis und christlicher Aussage. Er gehörte zur alexandrinischen Katechetenschule, zunächst als Schüler, dann als Nachfolger von Pantänus, dem Gründer.

Codex
(lat.) alte Handschrift (Pergament). Plural: Codices.

Diaspora-Judentum
(griech.) in der Zerstreuung lebendes Judentum, so z.B. in Alexandria/Nordafrika.

Doketismus
(griech.) Schein. Irrlehre: der himmlische Christus sei kein wirklicher Mensch gewesen, nur Scheinleib.

Epikur
Der altgriechische Philosoph, aus Samos stammend (341-270), lehrte die Lust an der Ausgewogenheit. Er war gleichgültig gegen Familie, Gesellschaft und Staat. Er liebte das Leben in der Zurückgezogenheit. Zu Unrecht ist er als Befürworter hemmungsloser Lust angesehen worden. Er erstrebte aber nur einen Lustzustand in maßvoller Form – als »Ataraxia« (innere Ruhe).

Esoterik
(griech.) Geheimlehre für Eingeweihte.

Gnosis
(griech.) Erkenntnis über Wesen, Ursprung und Ziel des Menschen. Modephilosophie im griechisch-römischen Raum, Höhepunkt: 2. Jahrhundert. Ziel der Gnosis ist die Vergöttlichung des Menschen. Die Gnosis beeinflußte das späte Judentum und frühe Christentum, gerade beim Sprung aus der jüdischen in die griechisch-römische Kulturwelt. Es kam vieles zusammen: mythische Momente des Hellenismus, tiefere Erkenntnis göttlicher Geheimnisse, platonische und stoische Gedanken, Astrologie und Magie.

Häretisch
(griech.) abweichend von Kirchenlehre – irrlehrerisch.

Hebraismen
Sprachform und -stil der hebräischen Sprache (siehe Parallelismus membrorum), hebräische Worte in der griechischen, lateinischen und deutschen Bibel wie: »halleluja« und »amen«.

Hieronymus
Lateinischer Kirchenvater, *um 345 in Dalmatien, in Rom 360 getauft, gestorben 420. 34 Jahre Mönch in Bethlehem (ab 386) – dort schuf er, von Papst Damasus beauftragt, die lateinische Bibelübersetzung, die »Vulgata«.

Kanon
(griech.) Norm, Regel, Maßstab. Zur Begrenzung des religiösen Wildwuchses war es nötig aufzuzeigen, welche Schriften für den Glauben der Juden und später der Christen wichtig sind. So hat eine Synode in Jamnia um 100

nach Christus festgelegt, welche Schriften zum AT-Kanon gehören.

Libertinistisch
(lat.) auf ungebundene Freiheit berufend – ein in Zügellosigkeit abgleitender Freiheitsbegriff.

Marginalien
(lat.) am Rande – Randbemerkungen – Glossen. Texte sind gemeint, die nicht zur offiziellen Lesung im Gottesdienst oder als Predigttexte bestimmt sind, aber »am Rande« verlesen oder zu einer Predigt verwendet werden können.

Masada
(aramäisch) Festung auf Gipfelplateau am Toten Meer. Letzte jüdische Bastion, erst im April 72 von römischen Legionären nach Selbstmord aller Verteidiger erstürmt.

Masoreten
(hebr.) Überlieferer, Gelehrte, die im 7.-9. Jahrhundert um einen einheitlichen hebräischen Text bemüht waren. Da die hebräische Schriftsprache nur Konsonanten kannte, waren Irrtümer möglich – besonders bei Diasporajuden. Masoreten vokalisierten die Konsonantenschrift durch Striche und Punkte.

Megillot
(hebr.) Rollen. Die 5 Schriftrollen sind: Hoheslied, Rut, Klagelieder, Prediger und Ester. Sie waren bestimmten Festen zugeordnet, so: Hoheslied zum Passafest, Rut zum Erntefest, Klagelieder zum Gedenken an die Zerstörung Jerusalems im Jahre 70, Prediger zum Laubhüttenfest, Ester zum Purimfest.

Monotheismus
Lehre, daß es nur einen Gott gibt; im Gegensatz zum Polytheismus = Vielgötterei.

Mysterienreligion
Griechische Geheimkulte für Eingeweihte, bei denen Vereinigung mit Mächten und Gottheiten vermittelt wurde.

NT
Neues Testament.

Origenes
*185 in Alexandria, aus christlicher Familie kommend. Schüler von Pantänus (Leiter und Gründer der Katechetenschule in Alexandria), ab 203 Lehrer an dieser Katechetenschule. Große literarische Tätigkeit: Auslegung des Herrengebetes – erste systematische Darstellung des christlichen Glaubens, textkritische Arbeiten zum NT; gestorben 254 durch die Folter in Tyrus unter Kaiser Decius.

Parallelismus membrorum
(lat.) alttestamentliche Poesieform, Wiederholung des gleichen Gedankens in paralleler Gestalt, z.B. Jesus Sirach 30,26: »Eifer und Zorn verkürzen das Leben, und Sorge macht alt vor der Zeit.«

Parsismus
Persische Religion – Weiterbildung der Lehre Zarathustras unter den in Persien und Indien lebenden Parsen: ewiges Feuer im Tempel und Leichenopfer auf den »Türmen des Schweigens« sind für den Parsismus typisch.

Patristik
(lat.) Kirchenväterliteratur der alten Kirche.

Philo
Jüdischer Religionsphilosoph. Er lebte von 25 vor bis 45 nach Christus. Seine Theologie ist eine Mischung aus jüdischer Frömmigkeit und hellenistischer Bildung.

Pragmatiker
sehen im nützlichen Handeln das Wesen des Menschen, im
Gegensatz zu den Theoretikern.

Purimfest
(hebr.) Fest der »Lose«, gefeiert zur Erinnerung an die Ret-
tung der Juden, als sie eine Minderheit in Persien waren.
Karnevalähnlich begangen mit Freundschaftsgeschenken,
vielleicht mit dem persischen Neujahrsfest in Verbindung
stehend. In der Synagoge wird die Ester-Buchrolle verlesen.

Qumran
Klösterliche Siedlung der Essener am Toten Meer. 1947
wurden in den Höhlen an der NW-Ecke des Toten Meeres
Schriftrollen der Essener entdeckt, die aus dem ersten vor-
und ersten nachchristlichen Jahrhundert stammen.

Septuaginta
(lat.) die griechische Übersetzung des AT, der Legende
nach von 70 jüdischen Gelehrten in 70 Tagen in Alexandria
im Auftrag des Königs Ptolemäus um 300 vor Christus
übersetzt. Kürzel: LXX = 70.

Synkretismus
(griech.) Religions-Vermischung z.B. zwischen Christentum und hellenistischem Gedankengut.

Tertullian
Kirchenlehrer, um 160 in Carthago geboren. Berber, Jurist
in Rom, 190 Bekehrung zum Christentum in Carthago,
Verfasser asketischer Schriften, Befürworter der lateinischen Kirchensprache, nach 220 gestorben.

Theodotion

lebte im 2. Jahrhundert nach Christus, stammte aus Ephesus. Er lehnte die LXX ab, überprüfte den hebräischen AT-Text, schuf eine neue AT-Übersetzung ins Griechische, die sehr beliebt war. Nur Bruchstücke sind davon erhalten. Er überarbeitete das Danielbuch; so übernahm es auch Hieronymus.

Thora

(hebr.) Lehre – Fünf Bücher Mose – Unterweisung im AT-Gesetz.

Vulgata

(lat.) »Die Allgemeine«. Gemeint ist die durch Hieronymus geschaffene lateinische Bibelübersetzung (um 400), die vom Konzil von Trient 1546 zum alleingültigen Bibeltext erklärt wurde.

Literaturhinweise
aus dem Quell Verlag Stuttgart

Berger, Klaus
Wie ein Vogel ist das Wort
Wirklichkeit des Menschen und Parteilichkeit des Herzens

Berron, Gottfried
Propheten gefragt
50 biblische Rätsel und Suchspiele

Bidermann, Willi
Es ging ein Sämann aus
Gesammelte Predigten

Blail, Gerhard
Meine Bibel
Inhalt – Aufbau – Entstehung

Blail, Gerhard
Meine evangelische Kirche
Was jeder von ihr wissen muß

Busch, Wilhelm
Pastor Wilhelm Busch erzählt
Auswahlband

Cullmann, Oscar
Unsterblichkeit der Seele oder Auferstehung der Toten?
Antwort des Neuen Testaments

Evangelische Freiheit – kirchliche Ordnung
Beiträge zum Selbstverständnis der Kirche
Herausgegeben von der Evangelischen Landessynode in Württemberg

Fischer, Heinz-Jürgen
Apostel mit sechs Buchstaben
50 biblische Rätsel

Fotobibel
Einbändige, neu redigierte und revidierte Sonderausgabe von »Das Neue Testament für Menschen unserer Zeit«. Idee und Gesamtkonzeption Helmut Riethmüller. In Verbindung mit Johannes Kuhn und Otto Kehr

Gössmann, Wilhelm
Glücklichpreisungen
Die Bergpredigt meditieren

Hartenstein, Markus (Hg.)
Geschichten aus der Bibel
Für den Religionsunterricht an der Grundschule

Hartenstein, Markus (Hg.)
Meine erste Bibel
Ein Bilder-, Mal- und Lesebuch

Hartmann, Karl
Atlas-Tafel-Werk zu Bibel und Kirchengeschichte
Karten, Tabellen, Erläuterungen
Band I, II, III/1, III/2, IV/1, IV/2, V/1 und V/2

Hartmann, Karl
Vor Damaskus ein Licht
Wie Lukas die Bekehrung des Paulus erzählt

Haug, Martin
Die Kirche des Neuen Testaments
Unveränderter Nachdruck der Ausgabe von 1932

Hennig, Kurt
Das Grundgesetz Gottes
Eine Auslegung der Zehn Gebote. Revidierte Neuausgabe

Kuhn, Johannes (Hg.)
Auf daß wir klug werden. Weisheit aus der Bibel

Kuhn, Johannes (Hg.)
Frauen und Männer der Bibel
– gesehen von Männern und Frauen heute

Kuhn, Johannes (Hg.)
Lebenserfahrungen mit Worten der Bibel

Kuhn, Johannes (Hg.)
Menschen um Jesus
Begegnungen damals – Erfahrungen heute

Kuhn, Johannes (Hg.)
. . . so werdet ihr leben
Wegzeichen und Hoffnungssignale im Alten Testament

Popp, Georg (Hg.)
Die Großen der Bibel

Rommel, Kurt
Anker, Bibel, Christuszeichen . . .
Wegweiser durch die Kirche – Begriffe, Feste, Gegenstände
und Symbole

Rommel, Kurt (Hg.)
Unsere Kirche unter Gottes Wort
Die evangelische Landeskirche in Württemberg einst und
heute in Geschichten und Gestalten

Strunk, Reiner
Menschen am Kreuzweg
Erzählte Porträts von Menschen der Bibel

Thielicke, Helmut
Das Bilderbuch Gottes
Reden über die Gleichnisse Jesu

Thielicke, Helmut
Glauben als Abenteuer
Unsere Lebensfragen im Lichte biblischer Texte

Thielicke, Helmut
Wie die Welt begann
Der Mensch in der Urgeschichte der Bibel